필수출력조건에 의한 국면 운용

필수출력조건에 의한 국면 운용

The System of Phase in the Bare Output Conditions

펴낸이 _ 장 호 성
지은이 _ 김 성 헌
펴낸곳 _ 단국대학교출판부
등 록 _ 1968.2.27 : No. 제03-00095호
주 소 _ 경기도 용인시 수지구 죽전로 152번지
전 화 _ 031-8005-2405 팩 스 _ 031-8021-7154

2012년 2월 27일 초판 인쇄
2012년 2월 29일 초판 발행

인 쇄 _ 네오프린텍

[값 12,000원]

Published by Dankook University Press

Printed in Korea

ISBN 978-89-7092-475-5 93740

* 이 연구는 2009년도 단국대학교 대학연구비 지원으로 연구되었음.

필수출력조건에 의한 국면 운용

김 성 헌

단국대학교출판부

저자 서문

바이오-언어학(Bio-Linguistics)의 근원적인 연구의 가설은 언어가 필수출력조건(Bare Output Conditions: BOCs)을 만족시키면 기타 모든 현실적 문제들은 만족될 수 있다는 것이다. 바이오-언어학에 근본을 둔 최소주의는 설명적 타당성이라기보다는 '강력 최소 주의 (Strongest Minimalist Thesis: SMT)'을 논증하려고 노력한다. 즉, 최소주의 언어학은 자연과학적 접근법이라고 할 수 있을 것이다.

바이오-언어학은 언어 연구에 있어 구체적 가이드라인을 제시하기보다는 다만 인간 언어에 대한 매우 이상적이고 원론적인 'Leading Idea'를 제시하고 있다고 볼 수 있다. 촘스키에 의하면, 바이오-언어학은 종래의 생성문법 (generative grammar)과 최근의 최소주의(Minimalism)에만 연관된 언어학적 가설이 아니라 모든 종류의 언어 연구 모델에도 적용될 수 있는 매우 추상적 이상론을 추구한다고 말한다. 바이오-언어학은 매우 이상적인 문법론의 보편적 속성을 추구한다고 말할 수 있다. 바이오-언어학과 최소주의에 대한 인식에 입각하였다. 아울러 이 저서는 필수출력조건(Bare Output Conditions: BOCs)의 가설성, 이상성의 면밀한 검토를 통하여, 국면 연구의 특성, 문제점, 요구되는 자세, 바람직한 방향, 국면 활용 영어학습 전략을 제시하도록 힘썼다.

바이오-언어학적 측면에서 최소주의는 국면(phase)을 언어정보처리를 위한 최적화된 연산 단위로 보고 있다. Chomsky(2007)는 이러한 국면이 단기기억(short-term memory) 단위 내에서 그 정보를 처리한다고 주장한다.

국면이 완성되면 그 해석을 위해 관련 정보가 C-I(Conceptual-Intentional)와 SM(Sensory-Motor) 접합점으로 보내지고 다음 단계의 또 다른 국면이 만들어지기 시작한다. 또 먼저 만들어진 국면은 잊힌다. 이렇게 언어 습득/학습 과정에서 기억의 부담을 줄여줌으로써 연산의 효율성을 높여줄 수 있는 것이다. 학습자들은 기억능력에 한계가 있고 주어진 정보가 너무 많아 정보를 모두 기억할 수는 없다. 그러므로 이를 극복할 수 있는 방법으로써 국면을 활용하는 것만이 실제 문장구조 형성과정의 연산 부담을 줄일 수 있다. 따라서 바이오-언어학적 관점에서 국면 특성들과 그 구체적인 운용방법을 활용하는 것은 언어학습에 많은 도움이 될 수 있을 것이다.

본서의 구성은 대략적으로 다음과 같다. 제1장에서는 인본주의 언어학과 최소주의의 필수출력조건을 위한 생성문법을 다루었다. 제2장에서는 필수출력조건과 국면 개념에 의한 생성문법을 고찰하였다. 제3장에서는 바이오 언어학적 관점에서의 국면을 살펴보았다. 제4장에서는 국면의 운용을 기술적으로 고찰하였으며, 제5장에서는 국면에 의한 일치 현상을 확대투사원리(Extended Projection Principle: EPP) 개념 삭제와 함께 고찰하였다. 제6장에서는 국면운용 문법원리를 언어학습 원리와 함께 고찰하였다. 제7장에서는 국면 문법원리를 활용한 언어학습원리(영어어순구조 학습원리)를 실질적인 방안으로 제시하였다. 특히 본서의 주요 과제는 국면의 이론적 배경의 소개와 더불어 국면활용 학습전략을 소개하는데 있다. 따라서 모국어 습득을 위한 국면원리가 EFL 언어학습자들이 보여주는 어순 학습에 적용가능한지 고찰해 보았다.

이 저서의 최초 연구는 Chomsky 교수의 바이오-언어학이 대두되기 시작한 시점인 2009년 기획되었다. 2009년을 기점으로 Chomsky 교수는 본인의 언어학 접근법에 관하여 바이오-언어학적 관점에서 많은 주장을 하였다. 본 저서는 최근까지 계속된 그의 강의와 언어학 논평을 통하여 발표된 주요 내용들을 담은 것이다.

그 동안 많은 도움을 주신 MIT의 Noam Chomsky, Susan Flynn, Danny Fox, Michael Kensowicz, Shigeru Miyagawa, David Pesetsky 교수님들과 Harvard 대학의 David McCann, NYU의 Alec Marantz 교수님들께 깊이 감사의 마음 전하여 드린다. 특히 MIT Chomsky 교수께서 최근까지 인터뷰와 서신을 통하여 조그마한 질문에도 자세하고 구체적인 답변들을 주신 것에 진심으로 감사드린다. 특히 일일이 많은 자료를 준비해 주시고 원고의 내용을 감수해 주신 최숙희 교수님께도 감사드린다.

이 책을 준비하는 과정에서 정성껏 도움을 주신 단국대학교 영어영문학회 회원님들과 LA Reading Group 회원님들께도 깊은 감사를

드린다. 또한 이 책이 출판되는데 많은 아이디어와 편집 작업에 혼신의 힘을 쏟아주신 배상희 교수님, 백유진 선생님, 정현아 선생님, 김민지 선생님께 진심으로 감사드린다. 특히, 원고의 최종 정리 과정에서 정성을 다하여 편집하여 준 나경근, 박현정에게 깊이 감사드린다.

마지막으로 이 저서의 원고가 마무리되기까지 오랫동안 기다려주시고 이렇게 훌륭히 출판해 주신 단국대학교출판부 신종한 부장님, 김남필 과장님, 성두현 주임님, 박보혜 선생님께 머리 숙여 깊은 마음의 감사를 전한다.

2012년 2월

저자 드림

Table of Contents

1

필수출력조건을 위한 생성문법 언어학의 배경

최근 바이오-언어학(Bio-Linguistics) 연구는 1950년대부터 도입된 생성문법(Generative Grammar)으로 인하여 새로운 길을 열어주며 고대 전통의 주도적인 생각들이 재구성되고 있다. 본 장에서는 1950년대 후반부터 시작되어 2010년 이후까지 지속된 촘스키(Chomsky)의 내재주의 가설 (Internalist Perspective)과 외재주의 가설 (Externalist Perspective)에 의한 언어철학의 문제를 고찰해 본다.

17세기 이성주의에 입각한 내재주의자들의 견해와 20세기 물질주의와 행동주의에 입각한 외재주의자들의 견해는 인간 언어를 분석함에 있어 서로 간에 큰 논쟁을 벌이고 있다. Burge(1986)이 지적하듯이 지난 40년간 치열한 논쟁을 일으켰던 'Philosophy of Language & Mind' 논의는 그 기간 동안 다른 어느 분야에서도 찾아볼 수 없는 뜨거운 것이었다. 그것은 촘스키를 비롯한 내재주의 가설과 콰인의 외재주의 가설의 대결이었다. 내재주의 가설이 이어받고 있는 이성주의 가설은 '이성적인' 과학의 개념을 유지한다. 우선 '정신(Mind)'과 '육체(Body)'는 그 속성이 다르고, 따라서 다르게 다루어져야 한다고 본다. 즉 정신은 창의적인 면이 있다고 인정한다. 하지만 콰인의 외재주의 가설이 주장하는 20세기 물질주의/행동주의는 '비이성적인' 과학의 개념을 유지한다. 즉, '정신'도 '육체'도 그 속성이 같고 따라서 동일하게 다루어야 한다고 주장한다. 따라서 '정신'도 '육체'도 모두 물리적 확인과 통계적 자료처리(Data Processing)로만 다루어져야 한다고 주장한다. 본 장에서는 이러한 내재주의/외재주의의 언어연구 방법을 비교하여 외재주의 언어철학의 문제점을 지적할 것이다. 나아가 비실질주의에 바탕을 둔 외재주의로는 인간언어에 나타나는 '자유의지(Free Will)'를 설명하지 못함을 주장할 것이다.

1.1 생성문법 언어학의 배경

현대 언어학 연구는 다음의 세 가지 큰 흐름으로 행해져 왔다. 러셀(Russel)과 비트겐스타인(Wittgenstein)을 중심으로 한 논리실증주의(Logical Positivism)[1)]와 비트겐스타인, 스트로슨(Strawson)을 중심으로 한 일반 언어학파 (Ordinary Language School), 그리고 촘스키를 중심으로 한 생성변형문법(Generative Transformational Grammar)이다. 논리실증주의는 언어의 보편적 구조를 객관적 세계와의 대응 관계로 설명하고, 기호논리가 언어의 보편구조를 나타낸다고 주장한다.[2] 반면 일반언어학파는 언어는 현실적이고 구체적인 어떤 문맥 안에서 의미가 있을 수 있다는 점을 강조하고 있다. 이러한 일반언어학파의 주장은 언어의 여러 가지 특성을 인간 삶의 여러 조건과의 관계 속에서 밝히려는 비트겐스타인(1953)의 주장에서도 잘 나타나고 있다.[3] 촘스키를 중심으로 한 생성문법론자들은 데카르트(Descartes)가 주장하는 것처럼 인간을 다른 동물과 구별할 수 있는 것이 바로 언어라는 기본적인 전제에서 출발하고 있다. 이 기본 전제는 스키너(Skinner)의 행동주의처럼 자극과 반응에 의해서는 인간의 창조적인 언어사용과 다양한 행위를 설명할 수 없다는 것이다. 따라서 촘스키(1965)는 인간언어에 실제의 언어행동을 지배하는 내재주의 원리가 있다고 주장하고, 그 원리로 모든 자연 언어 현상을 설명하려고 한다. 내재주의 원리는 어린이의 언어 습득 장치가 생득적이고 보편적이라고 본다. 따라서 촘스키는 스키너의 행동주의를 부정하고, 언어 철학에 의한 언어의 본질을 추구한다. 언어의 본질, 언어 습득 방법과 언어사용을 기술하려는 언어 이론은 언어 사용자

---

1) 논리실증주의는 논리 경험주의 (Logical Empiricism)라고도 지칭된다.
2) 기호논리가 언어의 보편적 구조를 보여주는 전형이 될 수 있다는 주장은 형이상학적 명제가 검증 가능성의 원리에 의해서 그 진리치를 결정할 수 있기 때문에 검증가능성 원리가 적용될 수 있는 명제만이 의미를 가질 수 있다고 보는 것에 근거하고 있다.
3) "언어를 상상하는 것은 생활 형태를 상상하는 것을 의미한다."

의 지식을 나타내고 있기 때문에 언어 지식의 본질에 대한 탐구가 가능하다는 것이 내재주의 가설의 근본을 이루고 있다.

언어에 대한 연구는 1950년대의 인지혁명의 일부로서 언어와 언어사용 그리고 인간 정신의 연구를 위한 일련의 문제들의 중요성을 포함하면서 많은 주제들의 전통적 문제들을 부활시키고 재형성하였다. 생성문법은 17, 18세기에 시작한 과학혁명의 일부로 발달한 인지혁명으로 불리며, 그것의 발달에 중요한 요소였다. 구조주의 언어학의 행동에 대한 연구와 그 산물들에서, 생성문법은 인간의 사고와 행동으로 들어가는 내적 장치로의 중요한 변화를 나타냈다. 훔볼트(Humboldt 1836)에 따르면, 언어는 유한한 방식의 무한한 사용을 포함한다고 말하지만 그 생각이 불분명했었다. 하지만 20세기 중엽, 형식과학의 진보로 인하여 언어 표현들을 생성하는 연산원리들에 대한 정확한 설명으로 적절한 개념들을 제공할 수 있었다. 인지과학은 인지 능력들의 경험적 연구 즉 시각, 언어 추리 등과 정신의 본질에 대한 숙고에 사용되며, 정신의 본질에서 선험적 방법이 인지과학의 주요한 방법이 되었다.

구조주의 언어학자 예스퍼센(Jespersen)은 언어학의 목표는 새롭고 자유로운 표현들을 생산하고 이해하는 것을 가능하게 하는 화자의 정신 속에 있는 구조의 개념을 발견하는 것이라고 말한다. 예스퍼센의 구조의 개념은 촘스키의 언어와 정신면에서 유사하다. 그러나 촘스키가 지적하듯이, 그의 언어이론의 목표는 자유로운 표현들을 생산하고 이해하는 능력으로 들어가는 몇 가지 요소를 발견하는 것이지만 이것만으로는 유한한 방식의 무한한 사용의 생각을 포착하기에는 상당히 부족하다.

생성문법에서는 언어능력의 기본적 특성들이 무의식적으로 전제되므로 생성문법의 목표는 언어능력과 그것이 가정하는 상태들을 이해하는 것이다. 그러면 생성문법으로 최근 대두되고 있는 내재주의 가설에 대한 개념을 간단히 살펴보자. 촘스키(1965)에 의하면, 인간은 최초상태(Initial State = S_o)라는 선천적 언어능력(Language Faculty)[4)]을 갖고 있으며 이것은 인간의 다른 기관들과 마찬가지로 인간의 기관의 일부라는 것이다. 또한 최초상태는 인간만이 가지고 있는 고유한 능력[5)]이며 최초상태는 성장하는 과정에서 안정상태(Steady State = S_n)로 접어들게 된다. 촘스키(1985)에 의하면, 언어능력과 언어상태인 S_o는 그 기초적인 작용들, 즉 가능한 규칙체계의 형식과 그 평가척도를 통합한다고 한다. 경험이 주어지면 S_o 상태에서의 언어능력은 가능한 언어 부류를 찾아 그 자료와 일치하는 최고의 가치를 지닌 언어를 선택하게 되고, 이 언어의 규칙들을 통합시키는 S_1의 상태에 들어가게 된다. 새로운 자료가 주어지면, 그 체계는 S_2 상태로 계속해서 들어가며, 결국에는 모든 절차가 끝나는 S_n 상태로 들어가게 되는데, 이것은 S_n의 어떤 특성 때문이거나 그 체계가 더 이상 진행될 수 없는 성숙의 상태에 도달하는 것이다. 각각의 단계에서 학습자의 정신은 새롭게 제시된 자료 및 그 자료의 현재 상태에 일치하는 가장 가치 있는 언어를 매개변항으로 선택하게 된다.

---

4) Chomsky(1977)에 의하면, "우리가 두뇌 속에 '언어능력(Language Faculty)'를 가지고 있다."는 말을 우리가 그 '언어능력'을 의식적으로 파악하고 있는 것으로 해석하는데, 사실 '언어능력'도 인간의 거의 모든 선천적 능력처럼 무의식의 능력이라고 주장한다.

5) 촘스키(1999)에 의하면, 최초단계가 완전히 언어사용에만 관계하는 것인지는 불확실하다고 한다.

이 안정상태 S_n은 연산체계와 규칙으로 구성되어 있으며, 이렇게 최초상태가 안정상태로 접어든 것을 언어라고 부른다. 촘스키(1986)에서는 전통문법, 구조주의 문법, 또는 행동심리학에서 연구의 대상이었던 외재적 언어 (E-language)가 내재적 언어 (I-language)로 변해야 한다고 강력히 주장하고 있다. 따라서 언어능력은 모든 인간이 공유하고 있는 최초상태 S_o를 가지며 본질적인 면에서 인간에게만 있는 정신/두뇌의 독특한 체계라는 것이다. 이 최초상태에 어떠한 경험이 주어지면 S_o는 안정상태 S_n으로 변하고 S_n 상태는 어휘항목 습득 등 주변적 수정만을 겪게 되어 습득된 상태는 I-언어를 구체화하게 된다. 그러나 이 안정상태는 현재까지도 많은 연구 과정을 필요로 한다. 안정상태는 인간의 내재적 상황을 고려하고 있고, 이 내재적 상황에 의한 언어학의 연구방법을 내재주의 접근방식이라 한다.[6] 언어습득 연구도 또한 마찬가지다. 어린이는 아주 초기 단계부터 극히 제한된 노출에도 불구하고 경험이상으로 많이 알고 빠른 속도로 습득한다. 언어습득은 신체기관의 성장과 비슷하며, 발달과정과 기본 자질들은 최초상태에 의해서 미리 결정된다. 최초상태는 인간에게 공통된 것이고 같은 특성으로 주어졌기 때문에 언어들의 다양성과 복잡성은 피상적인 것으로 간주된다.

모든 언어들은 피상적으로 다양한 소리와 의미의 복잡한 특성들을 나타내지만 사실상 단일 주제에 대한 변이를 나타낸다. 언어 이론은 개별언어 문법에 적용되고 그 언어의 특성에 대한 설명으로 충족되는 기술적 타당성 조건과 더불어 보편문법 또한 적용되고 개별언어

6) 언어능력이 외부세계와 연결되는 방법은 외재주의 고찰이라 불리며 접합점에 대한 연구를 포함한다.

가 경험에 의해서 정해진 조건들 하에서 도출된 획일적인 최초상태의 특정한 예시라는 것을 나타내는 설명적 타당성 조건을 모두 만족시켜야 한다. 보편문법이 설명적 타당성 조건을 만족시키는 정도에 따라, 언어습득의 논리적 문제에 대한 해결을 제공한다.

언어에 대한 연구는 언어와 언어사용 그리고 인간 정신의 문제들의 중요성을 포함하면서, 많은 주제들의 전통적 문제들을 부활시키고 재형성했다. 이런 질문들에 대해 이전 시도들은 개념적인 장벽과 제한된 이해와 충돌했으나 기술적 타당성과 설명적 타당성의 요구들을 해결하여 촘스키(1981)의 원리와 매개변인 (Principles and Parameters: PP) 접근법이 대두된다. 원리와 매개변인접근법에서는 언어능력의 최초상태가 언어 원리들로 구성되고, 각 언어는 경험에 의해서 결정될 수 있는 개별 환경인 매개변인 환경이다. 언어습득에 대한 경험적 조건들은 매우 제한된 정보를 기초로 하여 정해질 수 있기를 요구한다. 이것은 언어 이론이 기술적 타당성과 설명적 타당성의 충돌하는 조건들을 만족시키는 방법을 제시하며, 언어에 대한 순수 이론의 개관을 보여준다. 촘스키는 언어능력이 만족시켜야 하는 조건들이 주어졌기 때문에, 언어가 얼마나 완전한지에 대한 문제에 대해 놀랍도록 완전한 것이라고 주장하고 있다.

1.2 언어능력 고찰

촘스키(1993)에 의하면 언어 지식 속에는 창조적 특성이 있으며, 그것은 언어를 완전히 습득하여 새로운 문장을 만들어 내고 그 문장에 대한 설명을 할 수 있는 능력을 갖추는 것을 의미한다.[7] 촘스키가 주장하는 언어 사용에 대한 창조성의 철학적 배경은 데카르트로 거슬러 올라간다. 데카르트는 인간과 동물의 구별은 언어의 사용에 있다고 전제하면서, 동물의 모든 행위는 자동장치에 의한다고 주장하고, 반면 인간의 언어사용에 있어서 창조적 측면과 인간에게 있는 이성의 생득성으로서 주장하였다. 촘스키는 이와 더불어 생물학적 근거와 이성주의에 기반을 두고 있다.

Stalnaker(1984)에 의하면, 데카르트는 인간에 있어 언어의 창조적 사용을 관찰하며 인간언어는 외부의 자극 또는 내부의 생리적 상태의 지배를 전혀 받지 않기 때문에 자기 표현의 일반적 도구로서 역할을 한다고 주장한다. 그는 이성이 모든 가능성을 위해 일할 수 있는 일반적 도구인 동안, 이런 기관들은 모든 특별한 행동을 위해서 어떤 특별한 적응이 필요하다고 본다. 이러한 그의 기본 가설에 의하면, 언어는 이성의 작용에 의한 것이므로 언어와 사고는 불가분의 관계를 맺고 있으며, 언어는 사고 내용의 형식이라고 보아야 할 것이다. 데카르트에 의해서 주장된 인간의 언어사용에 있어서 창조적 측면은 훔볼트(1836)에서도 발견된다. 그는 어린이들이 말하기를 배울 때 그 과정은 어휘의 종류, 그들의 기억력, 그리고 반복해서 따라하려는 시도를 단순히 첨가함으로써 기술될 수 있는 것이 아니라, 어린이의 언어능력의 발달로서만 기술될 수 있다고 생각한다. 어린이들이 그들의 언어를 기계적으로 학습하는 것이 아니라 언어능력의 발달을 경험한다는 또 다른 증거는 매우 다른 환경에서도 어린이들이

---

7) "정상적인 언어 숙달은 무한한 수의 전혀 새로운 문장들을 즉시 이해하는 능력뿐만 아니라, 좋지 못한 문장을 확인하고 또 때로는 문장들에 해석을 부과하는 능력을 포함한다." (촘스키 1965: 8)

아주 부족하고 한정된 짧은 시간 안에 말하기를 배울 수 있다는 사실에 의해서 제공되고 있다. 이와 같이 훔볼트가 주장하는 제한된 시간과 경험 속에서의 어린이의 언어습득에 관한 주장은 촘스키(1965)가 주장하는 제한된 경험과 충분치 못한 자료에 의한 언어습득의 주장과 그 맥을 같이 한다고 볼 수 있다.[8] 촘스키는 언어의 자료를 갖고 제한된 경험을 기초로 하여 보통 사람은 모국어에서 혼자 힘으로 언어능력을 발전시켜왔다고 주장한다. 이 단계에서 우리는 언어에 내재하고 있는 규칙으로서의 언어 형상에 대해 좀더 관찰해 봄으로써 촘스키가 주장하는 내재주의 가설에 의한 인간언어의 창조성을 정당화할 수 있을 것이다. 촘스키(1965)에 의하면 언어는 항상 변화하는 과정에 있지만, 언어를 생성하는 언어 형상은 변하지 않는 규칙이라고 주장한다. 그는 내적 형태는 언어학자가 기술문법에서 나타내고자 하는 단지 언어에서 고정된 생성 기저원리라고 제안한다.

언어의 진정한 실체를 인식하기 위해서는 개념의 형성과정을 정신적 운동 (Spiritual Movement)과 감각 인상 (Sense Impression)의 총합체로서의 한계를 뛰어넘어야 한다. 즉 언어 형상의 문법적 범주를 벗어나려는 것은 음성체계의 실체와 개념형성의 원리를 같이 포함시키려는 촘스키(1964)의 의도와도 일치하고 있다. 그는 형태는 음성체계의 실재적 특성과 개념형성의 원리들을 포함하기 위해서 문법형태를 넘어서 확장한다고 간주한다. 언어를 생성하는 규칙으로서의 언어형상은 촘스키가 주장하는 언어능력과 구분된다. 촘스키의 언어능력은 생성되는 규칙이 아닌 능력을 말하는 것으로서 문법적

---

[8] 훔볼트(1836)는 언어가 고정되어 있는 성질을 가진 실태가 아니라, 변화하는 성질을 가진 것으로 간주하였다.

개념으로 볼 때 언어형상은 연산체계라고 말할 수 있다.

데카르트의 타 동물들과 구별되는 인간 언어사용의 창조적 측면은 촘스키에 와서 극대화되었다. 촘스키(1965)에서는 언어능력은 말을 생성하고 이해하는 규칙 지배의 창조성에 근거한 언어사용의 창조적 측면을 포함하고 있을 뿐만 아니라, 어떤 상황에서도 적절히 문장을 구상할 수 있는 능력을 포함시키고 있다.[9]

촘스키에 의하면 내재주의 가설에 의해서는 인간의 언어뿐만 아니라 벌의 언어도 연구될 수 있다고 한다. 언어의 생물학적 근거를 위한 연구에서 인간언어와 가장 유사한 것이 벌에서 발견되는 벌의 언어라고 간주된다. 벌의 의사소통 체계는 공간이나 시간상 멀리 떨어진 것에 관해서 말하는 지시의 특성을 인간언어와 공유하고 있다. 지시의 연구는 꿀벌의 내재적 본성, 배열, 그리고 신체적 환경의 연구를 수반할 것이다. 다시 말해서 멀리 떨어져 있는 꿀의 출처에 대하여 벌들은 복잡한 춤으로 방향, 거리 등을 전달하여 의사소통을 할 수 있다. 또 인간의 언어처럼 표현할 수 있는 문장이 무한하다. 사실 벌의 언어는 인간의 언어보다 더 우수한 점도 있다.[10] 앞에서 언급된 최초상태인 언어능력(S_o)은 벌에도 나타나 벌이 태어나면서부터 주위 환경의 영향으로 안정상태의 언어능력(S_n)으로 자라난다고 가정할 수 있다. 결과적으로 벌의 언어능력도 내재주의 가설에 의해 연구가 가능하다. 벌의 언어능력에도 구문이 있고, 거기에 음운과 의미가 연결된다고 볼 수 있다. 그렇다면 구문은 내재주의적 개념이고,

---

9) 언어능력은 그의 언어의 임의적 문장을 이해하고 때로는 적당한 문장을 생산하는 화자의 능력을 기술하고 설명하려고 시도한다.

10) 촘스키에 의하면, 벌의 언어는 인간언어에서 나타나는 각 숫자의 중간단계도 지시할 수 있다고 한다.

음운과 의미는 외재주의적 개념이라고 할 수 있다. 여기에서 벌이 내재적 구문을 외부세계와 관련짓는 의미론적 과정과 인간이 내재적 구문을 외부세계와 관련짓는 의미론적 관점은 다르다. 왜냐하면 벌의 내재적 구문과 인간의 내재적 구문은 다를 수가 있고, 벌이 세상을 관찰하는 눈과 인간이 세상을 보는 눈이 다를 수 있기 때문이다. 이런 관점에서 볼 때, 벌의 언어 또한 내재주의 가설에 의해 언어의 실체를 이해할 수 있을 것이다. 촘스키에 의한 내재주의 가설은 생성문법으로 대표되고 있다. 촘스키의 내재주의 가설이 주축으로 하고 있는 17세기의 이성주의/합리주의 가설은 이성적인 과학의 개념을 유지한다. 즉 정신과 육체는 그 속성이 다르기 때문에 다르게 다루어져야 한다는 것이다. 육체는 다소 기계적인 특성이 있는 반면, 정신은 창의적이고 창조적인 특성이 있다.

데카르트는 인간이 사고를 표현하기 위해 언어학적 기호를 사용하는 능력은 인간을 동물 또는 기계와 구별해주는 것이라고 주장한다. 또한 언어능력은 인간의 생활, 사고 및 상호작용의 모든 면과 관계하며, 인간언어는 본질적으로 자연수에 의해 나타나는 분리 무한의 특성에 기초하고 있다. 촘스키(1997)에 의하면, 데카르트의 이원론에서는 물리적이라는 개념이 제안되지만 그것의 불완전성이 나타난다. 흄(Hume)은 기계철학의 불완전성을 나타내면서 정신적 성분을 건전한 상태에서 정신의 모든 특성들을 자유롭게 활동시키는 신경 체계의 조직 자체라고 보고, 정신적 특성들을 두뇌와 같은 유기체 구조라고 간주한다. 따라서 언어의 구조와 원리들은 정신적이며 유기체 구조의 결과라고 가정될 수 있다.

인간의 언어능력은 인간 사이에 거의 차이가 없으며, 인간의 특성인 것으로 간주된다. 촘스키는 흄의 인간성에 대한 학문을 개인주의자와 내재주의자로 해석하면서, 내적 상태들에 대한 개념을 전제하고, 정신/두뇌 체계에 대해 연구할 수 있는 것을 사용한다.[11] 내재주의자 접근법은 언어능력인 최초상태와 그것이 가정하는 상태들과 관련이 있다. 언어능력은 앞에서 언급된 것처럼 특정한 단계들을 거치며 안정되어 상태 L에 도달하므로, 시각이나 순환체계의 신체기관처럼 언어기관으로 간주되고 그 기본 특성은 유전자들의 표현이라고 가정된다. 언어능력은 유전적으로 결정되는 최초상태이고, 각 언어는 최초상태와 경험 과정의 상호작용 결과이다. 인지, 지각운동체계와 상호작용하면서, 경험의 다양한 상태들은 표현들의 소리와 의미를 결정하는 데에 공헌한다. 최초상태가 인간에게 공통적이라는 이유는 만약 어린이들이 동경에서 성장하면 그들은 일본어를 말하기 때문이다. 다시 말해서 죤(*John*)의 언어기관이 상태 L에 있으면 L은 죤의 언어이다. 언어는 우리가 말하고 이해하는 방식과 같으며, 언어 L이 소리와 의미를 가지고 L의 무한히 많은 표현들을 생성하는 특정한 과정이라는 점에서 I-언어(내재적-언어)라고 불린다. I-언어학은 언어능력과 관련이 있는 인간성에 대한 학문의 일부, 그것이 가정하는 상태들, 그리고 이런 I-언어가 생성하는 표현들을 포함한다.

1.3 생성문법과 내재주의 언어학

촘스키에 의하면, 언어에 대한 내재주의 연구가 외부 세계와 관련

---

11) 인간 정신이 지구과학의 작용에 의해서 움직이는 비밀스런 근원과 원리를 찾으려고 시도하였다.

을 갖는 방법은 정신과 두뇌의 관련문제와 언어사용의 문제가 속하게 된다. 먼저, 정신과 두뇌의 관련 문제를 조사해 보면 내재주의 연구는 언어능력의 최초상태의 특성들과 그것이 경험의 영향 하에서 가정하는 상태들을 발견하려고 시도한다. 최초의 도달된 상태는 두뇌의 상태로 두뇌장치들이 만족시켜야 하는 특성들에 의하여 추상적으로 기술된다. 두뇌 과학에 있어서, 두뇌 상태에 대한 연구는 어떤 종류의 장치들이 두뇌상태의 특성들을 갖는지를 발견하려고 노력한다.

정신과 육체의 이원론 문제에서 언어에 대한 추상적 연구는 정신적인 면에 속하며 굉장히 논쟁의 여지가 많다. 촘스키에 의하면, 스트로슨은 정신적 실재에 대한 연구에서 물질주의자의 모든 실재가 물리적이라는 기본 전제에 이의를 제기하며, 그 문제는 16-17 세기에 물리적인 것을 단지 움직이는 분자로 보는 과학적 개념의 발생과 함께 나타나게 되었다고 주장한다. 물리적인 것에 대한 과학적 개념은 움직이는 분자들을 통합했으나 인간에 대한 이해가 없었으므로, 근본적으로 물리적인 것의 본질에 대해 알지 못한다. 촘스키는 스트로슨의 정신의 핵심 문제들에 대한 언급을 인용하면서, 역학적 물리학은 불가능하다는 결론을 받아들인다. 촘스키는 단지 언어의 생물학적 고립과 최초상태의 풍부함에 대한 관찰에서 표현된 것으로 간주한다. 또한 언어의 내재주의 연구는 언어가 세계와 관련되는 언어사용 문제를 다룬다. 만약 죤이 단어 *book*을 어휘부에 갖고 있다면 그 단어는 특성들의 복합체인 음성자질(Phonetic Feature)과 의미자질(Sementic Feature)이다. 지각체계는 음성적 특성들을 외부 사건과 관련시키면서 조음과 지각을 위해 사용하고, 정신의 다른 체계들은 죤이 말하고 들은 것을 해석할 때 그 단어의 의미적 특성들을 사용한다. 소리 면에서는 논쟁이 거의 없으나 의미 면에서는 상당한 의견 불일치가 있다. 경험 중심의 연구들은 단어 *book*에 대해 조음체계와 지각체계들에 의해서 사용되는 음성적 특성들을 찾으려고 하고, 또한 정신/두뇌의 다른 체계들에 의해서 사용되는 의미적 특성들을 찾으려고 한다.

촘스키는 언어 지시적 사용에 있어서, 단어들이 물질 구성, 설계, 의도되고 특징적인 사용, 기관의 역할 등과 같은 요소들에 의하여 해석된다는 것을 발견한다. 사물들은, 소리를 결정하는 음성자질들과 똑같이, 의미자질 특성들에 의하여 범주에 할당된다. 현대언어와 정신철학에서는 단어는 우리 세계나 믿음의 실재물을 지시하지 않으며, 우리가 여러 방식으로 생각하고 말할 때 의미자질들이 사용되는 방식에 달려있다. 우리가 단어 *book*은 책을, *sky*는 하늘 등을 지시한다고 말할 수 있는 것은 그것들이 사물들에 대해서 사용되는 방법을 나타낸다. 그런 견지에서 의미 해석에 대한 접근은 전통적인 맛을 지닌다. 17세기 합리주의 심리학에서는 생득적인 인식능력은 정신이 감각에 의해서 받게 된 것을 이해하고 판단하는 것을 가능하게 한다고 본다. 합리주의에서는 인간의 정체에 대한 조사는 유기체 단위와 관계했다. 내재주의 관점에서는 인간 정신의 운용구조를 밝히고 경험과 사회적 상호작용이 내적에서 어떻게 형성되는지를 발견하려는 것이다. 따라서 생성문법은 데카르트 학파의 생각을 추구하여 일상적 언어사용이 인간과 다른 창조물 또는 기계들을 가장 분명하게 구분하는 것이라고 본다. 즉 언어사용은 유한한 제약 없이 내재적 상태에 의해서 영향은 받지만 결정되지는 않는 방식으로 행동하는 능력이라고 본다.[12)] 생성문법은 언어에 사용되는 장치들을 발견하여 그것들이 일상생활에 창조적으로 사용되는 방법에 대한 연구를 추구한다. 오늘날 언어사용에 관련되는 장치들에 대한 많은 것이 이해되고 있지만 여전히 신비스러운 것으로 남아있다. 언어에 관한 여러 영역에서 인간을 유기체 세계의 일부로 간주한다면, 언어에 관한 많은 신비들은 과학이라는 인간 탐구 형태에 놓여있다.

촘스키에 의하면, 인간성에 대한 학문은 언어능력, 그것이 가정하는 상태들, 그리고 그것들이 언어사용에서 정신/두뇌의 다른 성분들과 통합되는 방법들과 관련이 있다. I-언어학은 소리와 의미인 음운적 자질들(I-소리)과 의미적 자질들(I-의미)에서 포함되는 어휘항목의 특성들을 주장한다. 어휘항목은 더 큰 구조를 형성하는 연산과정들에 포함되는 형식자질들과 함께 I-소리와 I-의미로 구성된다. 언어는 어휘항목의 집합인 어휘부를 포함하고, 어휘부는 표현들을 형성하는 연산절차들에 의해서 접근된다고 가정된다. 촘스키는 어휘항목에는 두 가지 보편자질이 포함되며 I-소리와 I-의미는 합법적이라고 간주한다. I-소리에 대해서는 문제가 거의 제기되지 않으나, 단어의 의미는 많은 관심과 논란을 끌어냈다. 인간성에 대한 학문은 의미나 소리에 대한 조사에서 가장 좋은 언어이론과 언어사용의 발견과 관련 있을지도 모른다.

언어 L의 표현 E는 어휘항목들로 구성되므로, 표현 E는 I-소리와 I-의미를 포함하는 특성들의 복합체인 어휘항목으로 구성된 〈PHON(E), SEM(E)〉 쌍이고, PHON(E)과 SEM(E)은 언어-외재적 체계들에 의해서 해석된다. PHON(E)은 E의 소리에 관련된 정보이고

---

12) 촘스키는 이것은 단지 부분적으로 정확하다고 보고, 그런 정상적인 관례에 들어오는 요소들 중 몇 가지를 밝히려고 한다.

SEM(E)는 그것의 의미에 관련된 정보이다. PHON(E)과 SEM(E)은 어휘항목들 위에 연산작용에 의해서 운용되며, PHON(E)와 SEM(E)은 음성계층과 의미계층의 요소들이고, 또 음성적, 의미적 표시들이다. PHON(E)은 조음과 지각을 위해 지각체계에 의해서 사용되는 정보를 제공하고, SEM(E)은 언어 사용자가 생각하고 말할 때 세상을 다른 방식으로 사용하는 개념-의도적 체계에 의해서 사용되는 정보를 제공한다. 이 계층들은 언어운용 정보를 제공하면서, 언어능력과 다른 체계들 간의 접합점들이다. 이런 접합점 계층에서 음성적 접합점에 대해서는 논쟁의 여지가 없고, 어휘항목들은 SEM(E)의 연산과정에서 분해되고 재구성될지 모른다[13]. 결국, 표현 E는 접합점 계층 PHON(E), SEM(E)에서 그것의 특성들과 별개로 존재하지 않는다.

촘스키는 정신체계(Mentalese) 대안을 고려한다. 그 대안은 어휘항목이 I-소리와 I-의미를 포함하는 대신에 PHON(E), SEM(E) 둘 중 하나나 둘 모두가 접합점 계층에서 빠지게 되는 경우이다. 언어를 학습한다는 것은 어휘항목을 소리와 의미를 산출하는 정신의 어떤 다른 체계인 정신체계로 사상하는 규칙들을 습득하는 것이다. 만약 I-소리가 빠지면, 어휘항목은 P-정신체계로 사상되고, 만약 I-의미가 빠지면, 어휘항목은 S-정신체계로 사상되고, 또는 둘 다로 사상된다. 이것들이 정신체계의 특성들이다. 음성적 면에서는 그런 제안들이 없으나, 의미적 면에서는 그것들이 일반적이다. 어휘항목이 I-소리가 부족하고 또 죤이 음성적 해석을 지니는 P-정신체계의 영역

13) 예를 들면, *who*나 *nobody*같은 항목들은 SEM(E) 계층에서 운용자-제한자-변항 구조를 산출하여 [[QUx, x a person] [John saw x]]이나 단순 단어들은 일반적으로 SEM=I-의미라고 가정된다.

으로 그것을 사상하는 방법을 학습했다고 가정해 보자. 죤은 그 영역들과 해석에 대해 많이 알고 있고, 이런 특성들은 PHON에서 표시되는 것으로 언어능력에 할당된다. P-정신체계 대안은 만약 I-소리가 아니라면 어휘항목에서 P-정신체계의 영역은 무엇이고 어느 시점에서 일어나며, 그리고 표현되는 소리의 보편적 특성과 특별한 특성들은 무엇인지에 대한 새로운 문제를 제기한다. 또한 어휘항목들이 단지 I-소리와 해석되지 않는 형식적 특성들만을 지니고, 죤은 S-정신체계의 영역으로 사상하는 방법을 배웠다고 가정해 보자. 관련된 특성들이 SEM(E)에서 나타난다고 간주되면서 그것들은 언어능력에 할당된다. S-정신체계 대안은 음성적 부문의 것과 유사한 새로운 문제들을 제기한다.

언어 표현이나 정신체계를 위해 외연적 해석이론을 발전시키면, 소리에 관한 가정은 지각체계가 PHON(E)에 접근한다는 것이다. 어휘항목이 I-소리는 없지만 외적인 어떤 물체를 P-외연표시(P-denote)한다고 보면, 그것은 어휘항목 즉 P-정신체계 이미지의 음성적 가치 (Phonetic Value: PV)이고 또 음성적 가치들에 대한 연산이 E의 소리의 언어학적 성분 PV(E)를 산출한다. PV는 다양한 사회적 요인들과 물리적 요인들에 의해서 결정되므로 의사소통, 습득 그리고 다른 과정들에 대한 설명으로 나아간다. 이와 같이 같은 PV가 그들이 공유하는 언어로 그들의 표현들에 의해서 외연표시되기 때문에, 죤은 톰과 의사소통할 수 있다. 또한 의미적 유사에서도, 어휘항목이 I-의미를 갖지 않으나, 사회적 특성들과 물리적 특성들에 의해서 결정되는 생각이나 개념인 외적 의미적 가치 (Semantic Value)인 S-정신체계 이미지 즉 E가 발화될 때 이야기되는 것에서 어떤 구조를 S-외연표시한다. 그 표현들이 그들이 알고 있는 공유된 언어에서 같은 의미적 가치들을 S-외연표시하기 때문에 죤은 톰과 의사소통할 수 있다.

촘스키는 표현들이 어떻게 사용되고 해석되는지에 대해서는 더 이상 알지 못한다고 말한다. 음성적 경우와 의미적 경우는 단지 유사할 뿐이고, 현재 상황은 음성적 면에 있고 의미적 특성들은 풍부한 생득적 기여로 결정된다. 문제는 I-소리와 I-의미의 특성들, 그것들이 결합될 수 있는 방식들, 접합점 표시들을 산출하는 연산작용들, 그리고 언어-외적 체계에 의해서 해석되는 방법을 발견하는 것이다.

통사론은 접합점 계층 표시들과 그것들이 I-언어의 운용들에 의해서 세워지는 방법에 대한 연구이며 상징적 객체들의 특성들과 배열을 다룬다. 소리나 의미와 관련되는 I-언어의 양상들은 구분될 수 있지만, 언어가 세상을 사용하는 방법에서는 음성과 의미의 접합점에 놓여있다. 음성 접합점에서 언어와 세계 관계의 문제는 많이 연구되고 있지만 제한된 채 남아있고 의미표시 사용에 대한 문제는 훨씬 더 모호하다. 언어와 외재적 체계에 대해서는 대부분의 증거가 언어와 밀접하게 연결되어 있어서 그것이 언제 언어와 관계되고, 언제 다른 체계들과 관계되는지를 결정하기가 어렵다.

1.4 내재주의 가설

물리주의적/행동주의적 수행기준을 만족시키는 것이 능력이 있다고 단정하는 외재주의 가설은 지능이나 능력과 같은 정신적인 요소도 행동 또는 수행이라는 물질적/신체적 요소로 규명해야 한다는 불변의 원칙 하에서 출발하고 있다. 이성주의 과학자들을 포함한 내재주의자들은 물질과 육체를 연구하는데 수행기준 같은 물리주의적/행동주의적 방법을 사용할 수 있다는 가능성을 열어놓고 있다. 그렇지만 인간의 능력과 정신을 연구하는 데에 수행기준과 같은 물리적인 행동주의적 기준으로는 부족하다고 생각한다. 왜냐하면 17세기 이성주의 철학자들이 강조했듯이 정신에는 기계적/물질적 육체 이상의 그 무엇이 존재하기 때문이다. 다시 말해서 정신을 수행기준 같은 물리적/행동적 기준으로 규명한다는 것은 정신의 진수에 접근하지 못하는 결과를 초래할 수 있다. 따라서 블록(Block 1995)는 최근 수행기준에 의해서만 정신을 연구하겠다는 외재주의 가설은 문제가 있음을 지적하고 있다.

콰인(Quine 1995)는 어린이가 언어를 습득할 때 관찰할 수 있는 상황에서는 눈에 보이는 주위의 행동에 의존하게 된다는 외재주의적 가설의 입장에서 주장하고 있다. 반면 촘스키의 내재주의적 가설이나 최소주의 이론에서는 앞에서 조사된 것처럼 외재주의 가설을 반박하고 있다. 내재주의 가설의 입장에서 본다면 외재주의 가설도 언어능력을 어느 정도 인정하고 있으며 그것에 의존해서 연구를 진행하고 있다고 주장한다. 콰인의 물리주의/행동주의에서도 최소한의 언어행위를 인정해야 하는데, 어떤 행위가 언어행위인지 아닌지를 판별하는 기준은 언어라는 개념이고, 언어라는 개념을 인정하는 것은 언어능력이 인간에게 있음을 인정하는 것이 된다는 것이다. 몇 가지 물리주의적/행동주의적 수행기준만을 만족시킨다고 하여 그것이 어떠한 언어능력이 있다고 단정하는 것은 20세기 물질주의/행동주의에 의한 외부주의 가설의 맹점이다. '능력'과 같은 정신적 요소도

'행동'/'수행'과 같은 물질적/신체적 요소로 규명해야 한다는 잘못된 원칙에서 출발하고 있다고 볼 수 있다. 20세기 물질주의/행동주의는 그런 잘못을 그들의 '불변의 원칙'으로 하고 있다는데 그 심각성이 크다고 하겠다. 이러한 물질주의/행동주의에 기초한 외부주의자들은 '생각'의 수행 기준을 만족시키는 기계를 만들어야 한다고 한다. 그러나 촘스키를 비롯한 최근의 최소주의를 주장하는 내재주의 언어학자들은 아무리 정교한 '생각'의 수행기준을 만족시키는 기계를 만들어 낸다고 해도 그 기계가 인간처럼 '생각'하는 생물이 되는 것은 불가능하다고 주장한다. 그런 기계는 단지 인간의 '생각'을 기계적으로 흉내 낼 뿐이지 인간두뇌와 같을 수는 없다고 주장한다. 생물의 '자유의지'는 그 정체가 아직도 완전 신비에 쌓여있으므로 그 수행기준을 만들 수도 없고 따라서 외부주의자들이 주장하는 '자유의지'를 가진 기계는 더더욱 만들 수 없다.

내재주의 가설과 17세기의 이성주의 가설도 물질/육체를 연구하는 데에 수행기준 같은 물리주의적/행동주의적 방법을 쓸 수 있다고 본다. 그러나 능력/정신을 연구하는 데에는 수행기준 같은 물리적/행동기준으로는 부족하다고 생각한다. 왜냐하면, 17세기 이성주의 철학자들이 강조했듯이 '정신(Mind)'에는 '기계적 물질/'육체(Body)' 이상의 그 무엇이 있기 때문이다. 즉, '정신(Mind)'를 '수행기준'같은 물리/행동적 기준만으로 규명한다는 것은 '정신(Mind)'의 진수에 전혀 미치지 못하는 연구밖에 되지 않기 때문이다.

내재주의 가설에 입각한 최소주의의 수행 체계 (Performance System)를 주장할 때 '인간적 개념형성능력'에 대하여 올바른 연구분석 방향을 제시할 수 있다고 생각한다. 즉, 언어의 복잡한 개념이 그 말의 표현에 의해 전적으로 전달된다는 사실은 매우 신비스럽지만, 말이 아무리 복잡한 말을 내포한다 할지라도 그 모든 복잡한 개념이 소리로 완전히 전달된다는 점에서 외재주의의 분석방법으로는 단어에서 뜻과 소리의 연결의 근원적인 신비를 해결할 수 없다. 이에 대하여 우리는 내재주의적 입장에서 다음의 세 가지 가능성을 제안을 할 수 있다. 첫째, 어휘부에 단어는 뜻만 기록되어 있고 소리는 뒤에 따로 연결된다는 것이다. 둘째, 어휘부에 단어는 소리만 기록되어 있고 의미는 뒤에 따로 연결된다는 것이다. 셋째, 어휘부에 단어에는 의미나 소리의 정보의 아무 것도 기록되어 있지 않고 뒤에 의미와 소리가 따로 연결되어 들어간다는 제안을 할 수 있을 것이다. 이것은 첫째와 둘째의 제안보다 더 복잡함으로 그 근원적 원리에 대답은 아직 남아있다. 결국, 단어의 의미와 소리의 연관은 처음부터 연결되어 기록되어 있다고 볼 수밖에 없다.

촘스키는 "언어란 제한된 수단(단어, 규칙)으로 무한한 표현(문장)을 생성해 낸다."고 하였고, 촘스키는 "언어란 제한된 수단(단어, 규칙, 자질)으로 규명된다. 하지만 인간의 자유의지 때문에 무한한 표현이 가능하다."고 주장한다. 결국, 이러한 내재주의에 의한 언어의 분석방법에 의해서만, I-언어(I-language)의 메커니즘(Mechanism)은 유한(finite)한데, 그 메커니즘의 활용 (Use of mechanism)은 자유의지 때문에 무한하다는 결론에 도달할 수 있을 것이다.

1.5 생성문법과 인본주의 언어학적 접근

촘스키는 언어연구가 인간탐구에 핵심적 공헌을 할 수 있다고 주장한다. 그 이유는 다음과 같다. 언어는 인간 고유의 특성일 뿐만 아니라, 인간의 매우 중요한 또는 핵심적인 특성이라고 본다. 왜냐하면, 앞서 살펴본 바와 같이, 언어는 인간의 가장 중요한 정신기능인 사고와 매우 긴밀한 연관을 가지고 있기 때문이다. 언어는 인간의 사고의 특성을 가장 충실히 반영하고 있다고 보겠다. 이러한 의미에서, 언어는 인간의 정신기능 또는 인간본성의 핵심적 특성을 반영한다고 보겠다. 한편, 언어는 인간의 정신세계 전반에 깊숙히 침투해 있어서, 언어 없는 인간생활은 상상하기조차 어렵다.[14] 이와 같이, 인간생활 전반에 걸쳐서 필요불가결한 언어는 분명히 인간생활 또는 인간의 본질과 깊은 연관성을 갖는다고 보겠다.

인간탐구에 있어 가장 중요한 문제 중의 하나는 촘스키(1986)이 말하는 소위 '플라톤의 문제 (Plato's problem)'이다. 즉, 인간은 그렇게 조금 경험해보고도 그렇게 많은 정신적 기능이나 지식을 갖게 되는가하는 문제이다. 생후 수 개월밖에 안된 아기가 엄마의 눈치를 살필 줄 아는 것, 또는 3~4세의 어린이들이 친구를 사귀는 정교한 대인관계의 기능을 터득하는 것 등은 그들의 생후 경험에 비추어 볼 때 놀라운 기능과 지식의 습득이다. 인간이 실제 경험한 것 이상으로 갖게 되는 기능과 지식은 철학에서도 인간탐구의 핵심적 문제의 하나로 논의되어 왔으며, 아직도 많은 논란의 대상이 되고 있다. 그런데, 오늘날의 생성문법, 특히 지배-결속이론에 입각한 언어연구는 이 플라톤의 문제에 대해 매우 구체적이고 명시적 해결 또는 해명을

---

14) 대인관계의 기능이 얼마나 복잡한 고급 기능인가 하는 것은 이러한 기능들을 컴퓨터 로봇에 입력시키기 위해 컴퓨터 프로그램을 설계한다고 가정해보면 쉽게 상상할 수 있다.

제시한다고 촘스키(1986)은 주장한다. 그 이유는 다음과 같다. 앞서 논의한 바와 같이, 인간의 언어습득은 분명히 플라톤의 문제에 속하는 현상이다. 그런데, 생성문법은 이 플라톤의 문제에 속하는 언어습득 또는 언어능력을 명시적으로 규명함으로써 처음으로 플라톤의 문제에 대한 하나의 명시적 해결 또는 해명을 제시한다. 따라서 언어에 대한 연구는 인간탐구에 있어 플라톤의 문제에 대하여도 획기적인 공헌을 한다고 보겠다.

인간탐구를 위한 여러 가지 인간본성에 대한 연구 중에서 언어에 대한 연구가 가장 과학적 접근이 용이하다. 그 이유는 언어의 경우, 앞서 논의했던 바와 같이, 연구의 대상이 되는 자료가 구체적이고 다양하며, 비교적 구하기도 조정하기도 쉽기 때문이다. 그리고 전통적인 학교문법(school grammar)에서는 품사를 밝히고 구와 절과 문장의 종류를 가려내는 것이 준된 문법분석이었기 때문에 그 분석의 대상이 되는 자료도 문어나 구어의 예문에 국한되었으나, 언어능력의 규명을 통하여 인간탐구에 공헌하려는 생성문법에서는 그 연구대상이 되는 자료도 문어나 구어의 예문 또는 화자 또는 문법학자의 언어자료에 대한 직관에 국한되지 않고, 언어에 대한 심리학적 실험 결과, 언어에 대한 뇌생리학적 연구 결과, 어린아이의 언어습득 과정에 대한 연구, 언어결손(language deficit) 현상, 언어변천 현상, 언어의 문학적 사용, 심지어는 신경학, 생화학까지고 활용된다고 촘스키(1986)은 주장한다. 따라서, 생성문법 또는 언어학을 다른 인간탐구학문과 특별히 구별할 필요가 없다고 본다. 구체적으로, 촘스키(1965, 1979)는 생성문법은 인간심리를 탐구하는 인지심리학과 전혀 다를 것이 없다고 주장한다. 다시 말하면, 생성문법은 언어능력을 중점적으로 다루는 인식심리학 또는 인간탐구 과학이라는 것이다. 그런데 생성문법은 종래의 인식심리학과는 달리 인간의 행동 자체의 규명보다는 인간행동을 지배하는 기능 또는 능력, 특히 생득적 정신 기능의 규명에 주력한다. 따라서 생성문법은 소위 인지과학이라는 규명에 주력한다. 따라서 생성문법은 소위 인지과학이라는 새로운 학문의 형성과 발전에 공헌하였다고 촘스키는 주장한다. 이와 같이, 생성문법은 다른 인간탐구과학에 대하여 연구 모델을 제시하기까지 한다고 본다. 여기서 한 걸음 더 나아가, 촘스키는 생성문법이 인간탐구, 즉 인간의 생득적 정신기능의 탐구에 있어 자연과학적 접근의 모델이 되고 있다고 주장한다. 즉, 이제 생성문법은 인간탐구의 자연과학이 되어가고 있다고 본다.

어떠한 의미에서 생성문법이 자연과학에 접근하고 있는 것일까? 첫째는 철저한 객관성과 명시성이다. 전통문법에서는 객관성과 명시성이 결여된 경우가 많다. 예를 들어, 전통문법에서 '명사'는 '사물의 이름'이라고 정의하지만, 이 정의는 객관성도 명시성도 결여되어 있다. 우선, 이 정의에 따라 추상명사도 명사로 분류하기 위해서는, 추상적인 것도 '사물'에 포함시켜야 한다. 예를 들어 '아름다움'이라는 추상적 특성도 '사물'로 간주되어야 한다. 따라서 '아름다움'이란 '아름다움'이라는 사물을 지시하는 이름이라고 해야 한다. 그러나 '아름다움'이 아름다움이라는 사물을 지시하는 이름이라고 하면, '아름다움'도 아름다움이라는 '사물'의 이름이라고 할 수 있지 않을까 하는 의문이 생긴다. 결국, 이 명사의 정의에서 '사물'이란 말은 명사적인 것에만 국한한다는 가정이 필요한데, 그렇게 되면 순환논리의 오류에 빠진다. 왜냐하면, '명사'에 대한 정의가 이처럼 순환논리의 모순에 빠지는 것은 그 정의에 쓰인 '사물'이나 '이름'같은 용어의 개념들이 주관적이고 비명시적이기 때문이다. 생성문법은 철저한 객관성과 명시성을 유지함으로써 자연과학의 기본적 특성을 띠게 된다.[15]

생성문법의 두 번째 자연과학적 특성은 수리적 체계성이다. 인간의 언어사용의 무한성이 실제 언어경험만으로는 도저히 설명될 수 없고 어떤 생득적 언어능력을 가정해야만 설명될 수 있다고 주장한 학자는 촘스키 이전에도 있었다.[16] 그러나 그러한 생득적 언어능력을 명시적으로 파악, 규명해 줄 수 있는 수리적 체계의 이론이 1950년대에야 비로소 정립되었다. 촘스키는 1950년대 중반에 그 당시에 정립된 수리적 체계의 이론에 입각하여 인간의 언어 능력(linguistic competence)과 언어 수행 (linguistic performance)의 관계를 주로 구구조규칙 (phrase structure rules)과 변형규칙(transformational rules)의 개념으로 포착하는 생성문법이론을 제

15) 철저한 객관성 및 명시성은 자연과학만의 특성이 아니라 모든 과학적 연구의 특성이다. 여기서는 뒤에 논의할 생성문법의 다른 자연과학적 특성에 비추어, 생성문법의 객관성, 명시성이 그 자연과학적 특성을 강화한다고 본다.

16) 예를 들면, 17세기 이성주의(rationalism) 철학자인 데카르트도 인간만이 언어를 무한히 사용할 수 있는 것은 인간에게만 인간 고유의 생득적 능력(언어능력 포함)이 있기 때문이라고 주장했다. 9세게 독일 언어철학자 훔볼트도 언어란 유한의 수단을 무한히 활용하는 것(Language involves 'the infinite use of finite means'.)이라고 말함으로써 유한의 언어능력으로 무한의 언어사용이 가능함을 시사하고 있다. 실제로 생성문법은 훔볼트의 이러한 생각을 수리적 체계의 이론으로 구체화하고 있다고 촘스키(1986)은 말한다. 또 Jespersen(1924)의 '구조의 개념(notion of structure)'도 생성문법의 문법적 능력의 개념에 매우 가까운 개념이라고 촘스키(1986)이 지적하고 있다.

안하였다.[17] 최근의 생성문법이론인 지배-결속 이론에서는 구구조 규칙이나 변형규칙의 개념과 역할이 대폭 수정되었으나 전반적인 수리적 체계의 활용은 변함이 없다.[18]

생성문법의 가장 중요한 자연과학적 특성은 실증성이다. 자연과학처럼 생성문법도 설정하는 모든 개념이나 주장에 대하여 실증적 증거의 제시를 요구한다. 심지어는, 언어능력과 같은 추상적 개념에 대하여서도 실증적 증거를 제시하여야 한다고 본다. 예를 들어, 앞서 논의한 소위 보편문법의 언어능력의 실증적 증거로서 촘스키는 다음 두 가지를 제시한다. 한 가지는 앞서 논의한 보편문법 10여 가지 원리를 인간의 생득적 언어능력의 원리로서 제시하고, 이들이 여러 가지 인간 언어의 특성을 어떻게 효율적으로 규명하여 주는가를 명시적으로 보여주는 것이고, 다른 한 가지는 이 보편문법의 원리들과 그 작용을 뇌신경학적으로 확인, 규명하는 것이다. 후자의 경우는 생리적(physiology)이나 생물적(biology)과 구별되지 않는다고 촘스키(1986)은 주장한다. 생득적 언어능력이 완전히 실증되기 위해서는 뇌신경학적으로도 확인, 규명되어야 하는데, 그 과정은 완전히 뇌신경학적 생물학 또는 생화학(biochemistry)의 연구가 된다는 것이다. 따라서 생성문법은 자연과학적 특성이 있을 뿐만 아니라, 궁극적으로는 생물학이나 생화학에 합류하게 된다는 것이다. 실제로,

---

17) 촘스키가 처음으로 생성문법이론을 제안한 논문은 *The Logical Structure of Linguistic Theory*로서 1955~1956에 집필되었으며 1975년 출판되었다.

18) 수리적 체계성도 자연과학만의 특성은 아니다. 그러나 향후 논의하는 바와 같이, 생성문법의 수리적 체계성이 생성문법의 다른 자연과학적 특성을 특히 강화한다고 볼 수 있다.

이 방향으로 생성문법이 더 발전해 나가면 언어의 연구가 언어학이라는 테두리로 묶여질 필요가 없게 될 것이라고 촘스키(1986)은 주장한다. 그때는 언어연구가 인간탐구의 자연과학에 통합된다는 것이다.

앞서 말한 바와 같이, 인간의 언어능력의 뇌생리학(neuro physiology)적 연구는 생성문법과 별도로 연구되어 왔다. 언어사용을 관장하는 대뇌피질의 언어중추는 오래 전에 확인되었으며, 선천성 언어실어증, 뇌손상으로 인한 후천성 언어실어증 등에 대한 뇌생리학적 연구도 많이 이루어져 왔다.[19] 이러한 뇌생리학적 연구들도 생성문법의 뇌생리학적 연구들과 연결되어 상호보완적이 되리라고 본다. 한편, 생성문법 안에서도 언어능력에 대한 언어학적 연구와 뇌생리학적 연구가 상호보완적이 되리라고 본다. 예를 들어, 생성문법은 인간의 생득적 언어능력에 대한 언어학적 연구로서 보편문법 원리들을 제안하고 있는데, 이들은 앞으로 인간의 생득적 언어능력에 대한 뇌생리학적 연구에서 길잡이의 역할을 할 것이다. 즉, 보편문법 원리들에 입각하여 뇌생리학적 연구가 많이 발달되면 될수록 이는 오히려 언어학적 연구인 보편문법 연구의 발전과 개선에 공헌하게 될 것이라고 촘스키는 예상하고 있다. 다시 말하면, 어떤 문법현상에 대한 두 가지 분석 또는 문법이 가능할 때 보편문법 원리들이 그중에서 올바

---

19) 교통사고가 많은 미국에서는 교통사고로 인한 뇌손상에 따른 언어장애에 대하여 많은 연구가 되어 있다. 예를 들어 언어중추의 어떤 부분을 다치면 문법적 기능은 완전한데, 어휘적 기능, 즉 사물의 이름 같은 어휘를 기억하는 기능을 상실하고, 언어중추의 다른 부분을 다치면 어휘적 기능은 완전한데, 문법적 기능, 즉 어휘를 활용하여 문장을 만드는 기능을 상실함이 밝혀져 있다.

른 분석 또는 문법을 골라주듯이, 어떤 한 가지 문법능력에 대하여 두 가지 보편문법 원리가 가능할 때 그 문법능력에 대한 뇌생리학적 연구가 그 중에서 올바른 보편문법 원리를 찾을 것으로 내다본다. 왜냐하면, 뇌생리학적 연구는 보편문법 원리들의 작용을 자연과학적으로 검증하는 것이기 때문이다.

생성문법의 또 하나의 자연과학적 특성은 추상성(abstractness)이다. 여기서 말하는 자연과학의 추상성이란 다음과 같다. 어떤 자연현상에 있어서 어떤 요인을 조사, 규명하기 위해서는 그 요인만을 인위적으로 추출해 내어서 조사, 규명하고, 이를 기초로 하여 그 과학의 원리나 이론을 전개해 나가는데, 이 과정이 추상적이라는 것이다. 다시 말하면, 자연과학의 실험은 항상 조사, 규명하고자 하는 요인의 이상적인 포착을 위해 인위적으로 통제되거나 이상화된 상황에서 실시되며, 이렇게 얻어진 실험결과를 가지고 이론화한다. 따라서 자연과학은 자연현상을 다루면서도 어떤 개별 자연현상 자체를 연구하지 않고 자연현상 속에서 작용하는 요인들을 연구하게 된다. 이러한 자연현상의 요인들은 자연현상 자체는 아니므로, 그런 의미에서 추상적이다. 생성문법에서도 자연언어 현상을 다루지만, 언어현상 자체를 연구하지 않고 언어현상 속의 요인들, 특히 문법적 능력의 요인을 연구한다. 문법적 능력도 언어현상 그 자체는 아니며, 그런 의미에서 추상적이다.[20]

이와는 반대 입장에서, 자연현상 그 자체를 구체적으로 연구하는 것이 더 자연과학적이라고 주장할 수도 있다. 물론, 자연현상 자체

---

20) 추상성도 자연과학만의 특성이 아니다. 그러나 생성문법의 추상성이 생성문법의 다른 자연과학적 특성을 특히 강화한다고 할 수 있다.

의 구체적 파악에서 자연과학적 연구가 출발하지만, 그 뒤에 그 자연현상의 근원적 요인에 대한 추상적 연구 없이는 진정한 의미의 자연과학적 연구라고 할 수 없을 것이다. 언어학에서도 언어의 과학적 연구에 대하여 이와 같은 상반된 두 가지 견해가 있다. 소위 구조문법(structuralist grammar)에서는 자연언어 현상을 있는 그대로 정확히 기술하는 것만이 가장 과학적인 언어연구라고 주장하고, 언어능력과 같은 추상적인 개념을 과학적언어연구에 개입시키는 것은 금기사항으로 간주하였다.[21] 구조문법은 언어현상을 객관적으로 정확히 기술하는 것만을 그 목표로 하였으므로 기술문법 (descriptive grammar)이라고도 불리게 된다. 그러나 생성문법에서는, 앞서 논의한 바와 같이, 언어현상의 객관적 기술만으로는 진정한 의미에서 과학적 언어연구가 될 수 없고, 언어현상의 객관적 기술에 입각하여 그 언어현상의 근원적 요인들, 특히 문법적 능력의 요인까지 연구해야 한다고 주장한다.

구조문법과 생성문법은 모두 과학적 언어구조를 그 목표로 한다고 주장하지만, 그 연구결과는 전혀 다르다. 그러나 이러한 구조문법과 생성문법의 차이는 어떤 이론상의 우열에서 기인하는 것이라기보다는 오히려 학문적 관심의 차이에 기인하는 것이라고 촘스키(1986)은 말한다. 즉, 구조문법에서는 과학적 언어연구로서 자연언어 현상의 객관적 기술에 만족하고, 그 이상의 추상적인 근원적 요인 규명에는 학문적 관심을 갖지 않았다. 생성문법에서는 과학적 언어연구로서

---

21) 구조 문법 또는 구조 언어학 (structural linguistics)은 19세기의 소위 경험주의(empiricism) 이상의 물결과 함께 대두된 언어학 이론으로서, 대표적 언어학자는 L. Bloomfield이다.

자연언어 현상의 객관적 기술에만 만족하지 않고, 그 이상의 추상적인 근원적 요인, 특히 문법적 능력의 규명에 보다 큰 학문적 관심을 기울였다. 다시 말하면, 언어현상의 객관적 기술을, 구조문법에서는 과학적 언어연구의 종착점으로 보는 반면에, 생성문법에서는 그것을 과학적 언어연구가 본격적으로 시작되는 시발점으로 본다. 생성문법의 입장에서 보면, 구조문법은 과학적 언어연구에 있어 가장 핵심적인 부분을 포기한 셈이다. 이와 같이, 구조문법은 그 학문적 관심에 있어 심히 제한되어 있었을 뿐만 아니라, 학문적 연구대상에 있어서도 굉장히 제한되어 있었다. 예를 들어, 구조문법에서는 구체적인 '자연언어 현상'만을 그 연구대상으로 간주했기 때문에, 문법학자가 인위적으로 어떤 예문을 만들어 문법을 논하거나 문법학자가 독단으로 어떤 문장의 문법성을 판정하여 문법을 논하는 것은 금지되어 있었다. Fries(1952) 같은 구조문법학자는 사람들의 전화상의 대화를 녹음하여 그 녹음자료만을 가지고 문법을 구성하였다. 이러한 극단적 객관주의는, 과학에는 어떤 주관적 판단이나 추상적 개념도 용납될 수 없다는 그릇된 경험주의 인식에 기인한다. 구조문법은 이와 같이 스스로 설정한 제한 때문에 쇠퇴할 수밖에 없었다. 구조문법의 이러한 극단적 객관주의는 그보다 앞선 전통문법의 주관성에 대한 반발로 생겨난 것이다. 즉, 구조문법은 전통문법이 주관성 때문에 도저히 과학적 문법이 될 수 없다는 비판에서 출발하고 있다. 과연, 전통문법의 가장 큰 맹점은 문법 내용의 선정이나 문법분석에 있어 널리 작용하고 있는 주관성이다.

전통문법에서는 문법의 내용이나. 분석이 문법학자의 주관이나 상식에 의하여 많이 결정된다. 상식적으로 자명해 보이는 것은 별로 다루지 않고, 상식적으로 좀 예외적이고 어려운 것을 주로 다루게 된다. 따라서, 방대한 전통문법서일수록 예외적인 구문을 많이 다루고 있다. 전통문법에서 자명한 듯한 문법현상은 별로 다루지 않는 이유는 그런 것은 독자들이 이미 모두 잘 알고 있다고 간주하기 때문이다. 그러나, 생성문법의 관점에서는, 오히려 모든 사람들이 아주 명료한 것으로 간주할 정도로 극히 보편적인 문법적 지식 또는 능력이야말로 중요하고, 따라서 철저히 규명되어야 한다고 본다. 즉, 생성문법의 입장에서 보면 매우 기본적인 문법적 지식이나 능력이 되는 것을, 전통문법에서는 오히려 독자에게 너무도 명료하므로 문법에서 설명할 필요가 없는 것으로 간주하는 셈이다. 결국, 전통문법은 기본적인 문법현상의 분석을 독자의 문법적 지식 또는 상식에 맡겨 버리는 경우가 많다.

이와 같이 전통문법에 있어 주관성은 심각한 문제점이 되지만, 반면에 구조문법에서와 같은 극단적 객관주의의 문제는 없다. 전통문법에서는, 구조문법과는 달리, 주관적이고 좀 막연하게나마 문법적 능력의 개념을 인정한다. 특히, 전통문법의 대표적 학자인 예스퍼센(1924)의 '구조의 개념 (notion of structure)'은, 생성문법의 문법적 능력의 개념 또는 보편문법의 개념에 매우 가깝다. 결국, 생성문법은 17세기 이성주의(rationalism) 철학자 데카르트에서부터, 시작되어 20세기 언어철학자 훔볼트(Humboldt)를 거쳐서 현대 전통문법학자 예스퍼센으로 이어진다. 따라서, 생성문법은 17세기 이성주의에 입각한 인본주의를 20세기의 경험주의에 입각한 과학적 방법론으로 구체화한 현대적 인간탐구 과학이라고 할 수 있다. 이와 같이 생성문법이 17세기의 인본사상을 19세기의 과학적 방법론으로 구체화하는 과정에서 결정적인 역할을 한 것은 촘스키가 처음으로 제안한 언어능력(linguistic competence)이란 개념의 확립이다.

1.6 생성문법과 자연과학적 접근

현대언어학 또는 생성문법의 인본주의에 대한 독특한 공헌은 우선 생성문법이 앞서 논의한 바와 같이 자연과학에 접근하고 있는 학문이라는 데 있다. 일반적으로, 17세기 이성주의 사상에 입각한 인본주의가 20세기 경험주의 사상에 입각한 합리주의 사고방식 및 자연과학의 발달과 함께 퇴색되어가기 시작했다고 보겠다. 20세기 자연과학의 발달은 종전의 많은 인간의 역할을 기계가 대신하게 하였으며, 경험주의 사상에 입각한 행동과학 (behavioral science)의 발달은 인간과 동물을 똑같은 행동기준에 따라 관찰, 연구하게 만들었다.[22] 대체로 자연과학 사상의 물결은 인본주의 사상을 밀어내는 효과를 가져왔다. 그러나 생성문법은 자연과학에 접근하는 학문으로서 인본주의를 지지, 발전시키는 역할을 한다는 점에서 인본주의 사상을 위해 매우 중요한 의의를 갖는다고 보겠다. 즉, 생성문법은 자연과학에 접근하면서도, 인간고유의 생득적 언어능력을 규명함으로써 고차원의 인본주의 사상과 이론에 공헌한다.

생성문법이 자연과학으로서 인본주의 사상과 이론에 공헌한다는 것은 생성문법이 자연과학적 방법으로 인본주의 사상과 이론에 공헌

---

22) 행동과학의 대표적인 것은 행동심리학 (behavioral psychology)이다. 행동심리학의 태두인 스키너(Skinner)는 비둘기를 길들이는 것과 똑같이 사람도 길들일 수 있다고 확신했다.

함을 뜻한다. 이 또한 생성문법의 인본주의에 대한 매우 독특한 공헌이 된다. 왜냐하면, 많은 경우 인본주의가 자연과학적 방법으로 부인되었으며, 인본주의가 자연과학적 방법으로 지지되는 경우가 거의 없었기 때문이다. 생성문법의 경우, 인간고유의 생득적 언어능력이라는 고차원의 인본주의적 인간특성이 자연과학의 연구대상이 되고 있는 것이다. 이와 같이 인본주의의 어떤 개념이 자연과학의 연구대상이 된다는 것은 인본주의가 관념적 또는 사상적 개념일 뿐만 아니라 실증적 개념이 됨을 뜻한다. 다시 말하면, 이제 우리는 인본주의라는 개념도 과학적으로 실증하거나 반증할 수 있게 된 것이다. 이러한 의미에서, 생성문법은 인본주의 사상과 이론의 연구에 새로운 장을 열게 된 것이다.

생성문법은 여러 학문분야에 충격적인 영향을 주고 있다. 언어학 내에서는 물론이고, 심리학, 철학, 인지과학, 전산과학, 심지어는 뇌언어학에 이르기까지 혁신적인 새로운 연구 방향을 제시하고 있다. 외재적 언어만을 연구대상으로 삼아오던 의미 있는 학문이 될 수 있음을 보여줌으로써, 언어학을 실질적으로 인간탐구과학이라는 새로운 학문으로 바꾸어 놓았다. 또한, 경험주의 사조에 입각하여 경험과 행동에 집착하는 오늘날의 소위 행동심리학에 대해, 생성문법은 심각한 인간탐구를 위해서는 후천적 경험이나 행동보다는 생득적 기능이나 능력에 대한 연구와 규명이 필수적임을 보여줌으로써, 현대심리학에 개혁의 바람을 일으켰다. 철학에 있어서도, 철학의 고전적인 문제인 소위 '플라톤의 문제 (Plato's problem)'에 대하여, 생성문법은 자연과학적인 해결을 제시함으로써, 현대철학의 인간지식(human knowledge)의 문제에 새로운 해결안을 제공하고 있다.[23]

최근에 대두된 인지과학, 전산과학에 있어서도 생성문법은 선도적 역할을 해오고 있다. 아직 대부분이 미개척 분야로 남아 있는 뇌생리학에 있어서도, 생성문법의 보편문법 원리들이 앞으로의 연구에 길잡이가 될 것이 틀림없다.

이와 같이 여러 학문 분야에 걸쳐서 심각한 학문적 영향을 미치고 있는 생성문법이 그 이론적 기초를 인간 고유의 생득적 언어능력의 중시라는 고차원의 인본주의 사상에 두고 있다는 것은 인본주의의 학문적 중요성을 증명해 주는 사실이라고 본다. 앞서 논의한 여러 학문 분야가 모두 생성문법이 제시하는 인본주의 입장을 취함으로써 혁신적인 발전이 가능하게 되었다는 것은 우연의 일치라고 보기 어렵다.[24] 역사적으로, 인본주의는 사상운동의 일환으로 대두되었고, 또 그렇게 논의되어 왔다. 그러나 생성문법은 인본주의를 극히 개인적인 문제로 부각시켰다. 다시 말하면, 생성문법이 연구대상으로 하는 인간고유의 생득적 언어능력은 모든 인간이 완전히 개인적으로 타고 나는 것이다. 이것에 촉매적 역할만을 해주는 간단한 언어경험만 주어지면, 저절로 각 언어의 핵심문법의 언어능력으로 발전된다고 본다. 결국, 생성문법은 순수한 개인적 현상을 다루게 된다. 이러

---

23) 생성문법은 '플라톤의 문제'를 과학적으로 해결하려는 학문이라고 촘스키(1986)은 말한다.

24) 촘스키 자신은 개인적으로 정치 및 인권운동에도 정열적으로 참여하고 있는데, 이러한 정치, 사회운동에 있어서의 그의 기본입장도 역시 인본주의 이념이다. 따라서, 촘스키의 모든 지성적 활동은 인본주의에 입각하고 있다고 보겠다. 현대의 최고지성을 대표하는 한 사람으로 꼽히는 촘스키 교수가 이와 같이 인본주의사상에 입각한 학문, 정치, 사회운동에 신념을 가지고 있다는 것은 인본주의에 대한 지성적 지주가 된다고 본다.

한 의미에서, 촘스키(1986)은 생성문법을 '개인심리(individual psychology)'의 학문이라고 하였다. 이와 같은 개인심리의 문제를 인본주의 이념에 입각한 체계적 이론의 문제로 발전시켜간 생성문법은 인본주의에 대하여 또 다른 독특한 공헌을 하고 있다고 보겠다. 생성문법으로 대표되는 현대 언어학은 '자연과학적 인본주의'라는 새로운 개념의 인본학 또는 인간연구 과학의 시대를 열고 있다고 보겠다.

비실질주의 철학자 콰인과 비실질주의 심리학자 스키너에 의한 외재주의 가설의 기본 개념은 다음과 같다. 내재주의자들의 관점과는 달리 그들은 언어능력은 인정하지 않으면서 언어행위는 인정하고 있다. 비실질주의자들은 인간의 정신능력의 실존을 믿지 않고 인간의 언어행위만을 중요시한다. 따라서 그들은 "인간의 행위가 어디서 오는가?"에는 관심이 없고 행위 자체의 확인과 분석만을 강조한다. 비실질주의자들이 주장하는 것은 두 가지로 요약될 수 있다. 첫째는 인간행위에 대한 물리주의적 확인이고, 둘째는 인간행위의 자료처리만을 강조한다. 결국 인간의 언어능력은 물리적으로 확인할 수 없기 때문에 언어능력 대신에 언어행위의 통계적 분석 결과만이 확실히 믿을 수 있는 연구 결과라고 주장한다.

앞서 다룬 바와 같이, 콰인[25]에 의해 주장되어온 외재주의 가설은 20세기의 물질주의와 행동주의에 그 기반을 두고 있다. 외재주의 가

25) 콰인의 물리주의에 입각한 언어학 연구는 뇌세포 연구와 자료처리 방법론 연구에 집중되며 뇌세포와 언어학 자료만이 언어학 연구의 대상이 된다고 주장한다. 왜냐하면 단순히 눈으로 확인할 수 있는 물리적 실체인 뇌세포와 귀로 확인할 수 있는 물리적 실체인 언어자료만이 물리적 처리의 대상이 될 수 있기 때문이다.

설에 의하면 정신과 육체는 그 속성이 같아서 동일하게 다루어지고 있다. 다시 말하면, 정신과 육체는 모두 그 근본적 속성이 같아 물리적 확인과 통계적 자료처리에 의해서만 다루어질 수 있다고 간주된다. 예를 들어 20세기의 물질주의는 변형생성문법의 결속이론은 물리적으로 확인이 되지 않고 통계적 자료처리를 통해서 그 원리를 설정할 수 없으므로 실존하는 원리가 아니라 다만 통계적 성향으로만 간주되어야 한다고 주장한다.[26] 결국 20세기의 물질주의와 행동주의는 정신과 육체에 관한 모든 연구는 수행기준을 만족시켜야 한다고 주장한다. 즉 모든 사물은 그 수행기준만 만족시키면 또는 그 수행기준을 만족시킬 때에만 실존하는 것으로 확인된다. 콰인에 의한 20세기 물질주의와 행동주의는 수행기준에 기인한다고 주장하므로, 물질주의와 행동주의는 지능이라는 능력을 수행기준이라는 차원의 행동기준으로 규명하려고 한다.

블록(Block 1995)에 의하면, 외재주의자들에 의한 심리학은 인간의 심리를 다루는 인간학이 아니라 인간 두뇌와 같은 컴퓨터를 개발하는 컴퓨터 공학으로 진화되어가고 있다고 한다. 이와 같이 외재주의자들의 컴퓨터 공학에 의한 인간 연구는 소위 17세기 극단적 배타주의적 인간연구를 탈피하고 있다. 17세기의 이성주의나 촘스키의 내재주의에서 주장하듯이 인간을 특수하고 신비로운 존재로 간주하고 인간 특유의 특성을 강조하는 배타주의적 인간 연구를 벗어나 외재주의자들은 인간도 하나의 컴퓨터로 간주함으로써 특수한 신비로

---

26) 17세기의 이성주의와 촘스키에 의한 내재주의 가설은 우리의 정신에 결속이론이 실존하고 예외적인 결속현상이 있는 것은 다른 문법적 요인들이 결속이론에 상호작용하기 때문이라고 주장한다.

운 존재가 아님을 확인했다고 주장한다. 그러나 이러한 외재주의자는 수행기준을 세분화해 가는 과정[27]에서 여러 가지 사물의 특수성을 인정하지 않을 수 없다고 지적하고 있다. 컴퓨터 공학에 입각한 외재주의자들의 인지과학과 심리학은 인간언어 연구에 있어서, 인간적 요소를 완전히 배제한 기계적 요소에만 의존함으로써 공학에 접근해 가고 있다. 이렇게 물리주의, 물질주의, 자연주의에 기반을 둔 콰인의 외재주의 가설은 자극과 언어 그리고 과학의 단계를 거쳐서 달성된다고 주장한다.

비실질주의에 의한 외재주의 가설은 언어자료의 물리주의적 확인과 그 자료처리가 객관적으로 이루어지게 하도록 주의를 집중하고 있다. 예를 들어, 자료처리도 인간의 계산으로 하는 것이 아니라 컴퓨터를 통하여 하도록 하여 소위 일반화자료처리 방법론을 개발해 놓고 있다. 이와 같이 비실질주의자들은 언어행위의 물리주의적 확인과 그 통계적 자료처리만을 언어학적 연구라고 믿고 그 밖의 언어학적 연구에는 큰 관심을 갖지 않는 특성이 있다. 결국 외재주의 가설은 언어행위의 물리주의적 확인이나 그 통계적 자료처리 이외의 어떠한 언어 연구도 이 세상에 실존하는 언어원리를 규명할 수 없다고 본다.

내재주의 가설을 주장하는 촘스키는 참된 언어현상은 우리의 언어능력 현상이라고 주장한다. 비실질주의자들은 연결주의 행동을 주장하는데, 촘스키를 위시한 실질주의자들의 입장에서는 연결주의 행동은 무의미하다. 실질주의자들의 입장에서 비실질주의자들이 인간능

27) 블럭(1995)에 의하면 인간의 수행기준과 동물의 수행기준은 다르게 분석되어야 한다고 주장한다.

력보다 인간행위에 초점을 두고 연구하는 것은 매우 잘못된 것이다. 촘스키가 평하는 외재주의 가설의 오류를 살펴보면, 콰인의 물리주의에 입각한 외재주의 가설은 물리적 측면만을 강조함으로써 언어의 중요한 정신적 측면을 봉쇄하고, 언어의 물리적인 측면만을 연구하도록 보장하기 위한 연구 방법론 개발에 많은 오류를 범하고 있다는 것이다. 외재주의 가설은 언어의 물리적인 측면만을 연구하도록 보장하기 위한 장치를 마련함과 동시에 물리적인 자료만 가지고 언어학적 업적을 이룰 수 있도록 하는 연구 방법론으로서 자료처리기술을 개발하게 되었다. 그런데 내재주의 가설이 지적하는 것은 많은 학자들이 이런 언어 자료처리기술의 개발이 언어학의 진수인 것처럼 착각하고, 또 그런 자료처리 기술만 개발하여 활용하면 언어학의 좋은 분석이 나오는 것으로 착각하고 있다는 것이다. 콰인은 물리주의만이 언어현상의 진리를 밝힐 수 있는 유일한 것이라고 주장하고 있는 반면에, 촘스키를 위시한 내재주의 가설은 정신주의적 진실을 밝히고 또 정신주의적 진실은 물리주의적 진실 탐구의 기초가 된다고 주장한다.

콰인의 핵심적 이론인 자연주의와 물질주의를 버지(Burge 1986)에 의해서 고찰해 보자. 먼저, 형이상학적 자연주의를 들 수 있는데, 이것은 물리적으로 실존하는 실체 이외에는 아무 것도 존재하지 않는다고 간주한다. 어떠한 정신적 사물, 사건, 상태, 특성, 그리고 감각도 존재하지 않으며 물질적으로 실존하는 실체는 자연과학과 상식으로 확인될 수 있어야 한다고 본다. 그러나 문제는 상식으로 확인되는 실체가 애매모호한 개념이다. 왜냐하면 상식이 어떤 실체를 물리적이라 규정할 수 없기 때문이다. 또한 방법론적/인식론적 자연주의를 들 수 있는데, 이것은 정신주의적 논의는 물리주의적 논의로 축소되거나 설명되거나 제거되어야 한다는 것이다. 다시 말해서 정신주의적 논의는 물리주의적 논의에 합치되거나 내포되는 것이어야 한다는 개념과 일맥상통한다.

풋남(Putnam 1988)에 의하면, 훠더(Fodor)와 촘스키를 위시한 내재주의 정신에서는 I-언어학, 즉 생득적 의미표시이론(Theory of Innate Semantic Representations: TISR)은 (1) 정신/두뇌에는 의미표시들이 있고, (2) 생득적이고 보편적이며, (3) 우리의 모든 개념은 그런 의미표시들로 분해시킬 수 있다고 주장한다. TISR에서는 정신은 암호 해독자라고 간주된다: 다시 말해서 정신은 정신체계에서 사고를 생각하고, 그것들을 국부적 자연언어로 암호화하고, 그리고 나서 그것들을 머리에 암호 해독자를 지니는 청자에게 전달한다. 그러나 TISR은 I-언어학을 상당히 넘어서 간다. I-언어에 의해서 생성되는 표시들이 정신언어(lingua mentis)로 사상한다는 것은 별개의 가설이다. (2)에서도 표시들이 구성되는 요소들만이 생득적이고, 그 표시들은 그렇지 않으며, (3)도 언어능력과 관련이 있는 언어 연구를 넘어간다. 언어의 의미적 양상보다는 음성적 양상에 대해 다양성이 더 허용된다. 음성적 자료들은 풍부하게 어린이에게 유용하고, 목표와 유용한 자료사이의 간격은 좁아 다양성은 쉽게 묵인된다. 그러나 의미 연구에서는 어린이들은 극히 제한된 노출의 모호한 상황에서 섬세하게 단어와 다른 표현들의 의미를 이해하도록 충족시킨다는 것을 발견한다. 그러므로 내재주의 관점에서 생득적이고 보편적인 의미 특성들을 발견하려고 시도한다.

풋남(1988)은 위에서 언급된 생득적 의미표시이론을 반대하여 일반지능 작용이 충분하다고 주장한다. 인지체계에 유용한 자료에서 정신을 운반하기 위해 필요한 생득적 구조를 지녀야 하므로 언어능력에서 일반지능으로 전위된다. 그래서 모든 것이 지각적 조직으로 축소된다는 경쟁가설을 직면하는 문제들과 마주치지만 정당성이 없어 보인다. 그는 언어에 대해 (1) 정신/두뇌에는 의미표시들이 있고, (2) 그것들은 생득적인 요소들로 구성된다는 점을 파괴하려는 것이다. (1)는 내재주의 정신과는 관계가 없으나, 그는 (1)이 거짓이라고 가정하여 언어능력 또는 정신/두뇌의 어떤 다른 체계도 의미표시들을 포함하지 않는다고 간주한다. 문제는 인간의 내적 상태는 문장을 이해하는 방식에 수반되고 있다. 소리와 관련된 정신/두뇌 상태들에 대한 가정과 의미표시들이 아니라, 표현의 의미를 설정하는데 들어가는 언어능력의 구조적 특성들에 대한 가정들을 지닌다. 그러나 어린이가 습득하고 사용하는 특정한 복잡한 지식은 어쨌든 정신/두뇌에서 표시되는 것이다.

풋남(1988)에 의하면, (1)에 관해서 의미는 전체적이라고 도전하며 일상생활의 언어는 생물학적 객체인 인간 언어와 관련되지 않고 과학들과 같은 전체적 특성들을 갖고 있다고 간주한다. 그는 만약 언어가 경험을 기술하면, 그것은 매문장이 아니라 조직망으로서 기술하고 있다고 보는 것이다. 그러나 촘스키(1997)이 지적하듯이, 언어는 경험을 기술하기 위해서 사용되지만 경험을 기술하지는 않는다. 또한 촘스키의 생득성 가설과 관련되어 있다. 촘스키는 인지 능력들은 생물학적 자질에 뿌리내려져 있고, 언어능력은 일종의 유전자들의 표현이라고 생각한다. 그러나 풋남은 생득성 가설을 정신언어는 생득적이고 정신적 어휘는 생득적이라고 간주한다. 그러나 촘스키에 의하면, I-언어학은 풋남의 생득성 가설과 관계되지 않으며, 정신언어는 정신적 어휘가 아니고 별개인 것이다.

풋남(1988)은 의미와 지시의 연구에서 언어학적 노력의 구분을 설명하기 위해서, 영국영어와 미국영어에서 단어 *robin*을 조사한다. 단어 *robin*은 영국과 미국에서 같은 품종의 새를 지시하지 않는다. 예를 들면, 영국에 사는 죤(John)과 미국에 사는 죤은 I-언어에 같은 단어 *robin*을 갖고 있으나 지시는 사회적 현상이기 때문에 그 단어는 다른 확대의미를 지닌다. 두 사람이 각각 다른 품종의 새를 지시하기 위해서 *robin*을 사용한다면, 판단도 다양해지고 촘스키의 정신주의와 관련되지 않는다. 또한 그는 지시와 의미 연구에서 환경의 기여를 설명하기 위해서, 다양한 상황 하에서 전형적으로 말하는 것과 다른 주장들을 제시한다. 가령 물은 H_2O라는 가정에 기초하는데, 만약 G는 수돗물이고 G'는 우물물이고 홍차가 담겨있다면, G와 G'의 내용물은 화학적으로 동일하지만 G는 물이고 G'는 홍차라고 말할 것이다. 구성성분만이 무엇이 물인지를 결정하는 데에 유일한 것은 아니고 그것의 다양성에서 가정된 상황의 변화 하에서 다양한 해답들을 산출하는 것 같다. 그러나 촘스키(1997)이 지적하듯이 그런 현상들은 인간생활의 언어학적 양상과 다른 정신적 양상들로의 내재주의자 접근법과 관련이 있는 것 같지는 않다.

언어심리학자들이 연구하는 문법 연구는 내재주의를 중심으로 하는 실질주의(Realist Thesis)와 외재주의를 중심으로 하는 비실질주의 (Non-realist Thesis)의 두 가지로 분류된다. 실질주의는 그들의 언어분석이 실질적 의미를 갖는다고 주장한다. 예를 들어, 결속이론(Binding Theory)을 그들이 분석제안 할 때 그 결속이론이 실질적으로 우리의 언어능력 (I-language 또는 Universal Grammar) 속에 실존한다고 본다.[28] 그것은 과학자들이 그들이 제안하는 과학의 원리가 실질적으로 실존한다고 믿는 것과 같다. 뉴톤(Newton)의 만류인력은 모든 과학자들이 실존하는 원리, 즉 이 세상에 실제로 존재하는 원리로 간주한다. 이와 똑같은 원리로 촘스키와 같은 실질주의 언어학자는 자신들이 제안하는 문법 원리들이 이 세상에 실제로 정말 존재한다고 믿는다. 동시에 그들이 제안하는 문법 원리들이 과학의 원리처럼 맞을 수도 있고 틀릴 수도 있다고 본다. 따라서, 과학의 원리도 틀린 것이 발견되면 수정하듯이 언어학의 원리도 틀린 것이 발견되면 수정한다. 이와 같이 앞으로 수정될 수 있는 과학원리도 실질적 실존 원리로 간주하듯이 앞으로 수정될 언어학 원리도 현재로서는 실질적 실존원리로 간주한다.

콰인(1995)과 같은 비실질주의 언어학자들은 그 반대의 입장을 취하고 있다.[29] 그들은 언어학 원리는 어떠한 것도 실존하는 것이 아

---

28) Chomsky(1983)에 의하면, 언어학에 있어서 결속이론(Binding Theory)이 어떤 물리주의에 기초하고 있다고 볼 수 없다고 한다. 물리주의는 이 세상의 어떤 물리적 진실(Truth)을 규명하려고 하지만, 언어학의 결속이론이 이 세상의 어떤 물리적 진실을 규명하려고 한다고 볼 수 없다고 한다. 생성문법의 결속이론은 생성문법 이론 안에서의 주장이고 그것이 다른 문법이론에서는 부인될 수 있고, 또 생성문법 안에서도 다른 결속이론에 의해서 대치될 수 있다는 것이다. 그 결속이론이 주어진 자료에 대해서는 진실을 규명한다고 할지라도 보다 많은 다른 결속의 자료 또는 결속 이외의 언어현상에 대해서 반드시 완벽한 진실이라는 주장은 할 수 없을 것이라 한다.

29) Quine(1995: 95)에서는 비실질주의(Non-realist)에 관하여 다음과 같이 서술하고 있다: "Non-realist theses have no truth value. There are some that are true, but they must have some

니고, 다만 언어 현상의 통계적 성향을 나타낼 뿐이라고 본다. 비실질주의 언어학자들의 원리는 언어현상을 얼마나 자세히 요약하고 있느냐를 이야기할 수 있을 뿐이다. 그들도 언어능력이 다른 인간능력과 별도로 존재한다고 막연히 인정하면서도 그들의 실제 언어분석에서는 그들의 원리가 언어능력에 실존한다고 보지 않음으로서 실제로는 언어능력의 존재를 부인하고 있다. 이렇게 언어원리를 언어현상의 통계적 성향 정도로밖에 보지 않는 비실질주의 언어학자들의 연구는 외국어교육이나 언어습득 연구 등에서 그 결과가 유용하게 활용될 수는 있다. 또한 그들의 연구가 실제 인간언어 사용의 변이성(Variation)을 나타내준다고 볼 수도 있다. 이러한 점들에 관하여 실질주의 언어학의 입장에서는 다음과 같이 반박하고 있다. 즉, 언어학자가 제안하는 문법원리들은 순수한 언어능력을 규명하는 것으로서 실제 언어사용에서는 다른 언어사용 요인들(기억력, 심리상태, 신체적 상태)과 함께 작용하므로 실제 사용되는 언어에서는 그 문법원리들이 순수하게 반영되지 않는다고 본다. 따라서 콰인을 비롯한 비실질주의 언어학자들은 언어분석을 '언어수행에 대하여 알려진 사실들을 대충 나타내는 방법 (Crude ways of representing certain known facts about linguistic performance)'이라고 말하고 있다. 따라서, 그들은 언어학을 심각한 과학이라고 보지 않는다. 이러한 실질주의와 비실질주의의 대립은 물리주의(Physicalism)와 물질주의(Materialism) 논쟁으로 이어진다. 즉, 비실질주의는 그들의 문법

---

conditions: They have to fall within materialism or physicalism. Or they can be descriptions of phenomenon. They have to be given in some terms."

원리들이 물리주의/물질주의에 입각해야 한다고 본다. 즉, 그들의 문법원리들은 물리적으로 확인되어야한다고 주장한다. 그러나 실질주의에서는 문법원리의 물리적 확인은 불가능할 뿐만 아니라 불필요하다고 본다. 비실질주의 언어학자들은 그들의 언어학은 과학적이라면서 언어자료의 분석과정 (Language Data Processing Mechanism)을 통해서만 언어의 참된 모습과 그 설명에 이를 수 있다고 보고, 특히 컴퓨터에 의한 방대한 언어자료 분석을 시도한다. 비실질주의는 모든 것이 물리적으로 증명되어야한다고 봄으로써 어떤 추상적 문법원리도 실존한다고 볼 수 없다. 왜냐하면, 이 세상에 물리적으로 증명될 수 있는 문법원리는 있을 수 없기 때문이다. 비실질주의자들은 방대한 언어자료를 컴퓨터로 분석해 냄으로서 참된 언어원리에 접근할 수 있을 뿐이라고 믿는다. 그러나 실질주의자들은 아무리 방대한 언어자료를 아무리 큰 컴퓨터에 분석해 내어도 언어원리를 찾아내지 못할 수 있다고 주장한다. 왜냐하면, 비실질주의자들은 언어원리를 물리적으로 증명해야 한다는 잘못된 주장으로 출발하고 있기 때문이다.

2

필수출력조건과 국면 개념에 의한 생성문법

생성문법의 기본 개념이라고 할 수 있는 촘스키(1965)의 '언어능력'의 개념은 촘스키(1980)에서 문법적 능력 (grammatical competence)의 개념으로 재정립되었다. 그 이유는, '언어수행'에 반대가 되는 개념으로 설정된 '언어능력'의 개념은 언어수행 또는 언어사용에 관여되는 문법 외적 요인의 능력도 내포하는 것으로 오해되어 왔기 때문이다. '문법적 능력'의 개념은 다시 촘스키(1986)에서 내재적 언어 (Internalized Language: I- language)라는 개념으로 바뀌었다. 그 이유는, 촘스키(1986)은 이제 '문법적 능력'이라는 추상적 개념에 만족하지 않고, '문법적 능력'은 '내재적 언어'라는 구체적 실제로서 우리의 머리 속에 존재한다고 보기 때문이다. 본 장에서는 문법적 능력을 고찰함과 동시에 필수출력조건과 최근 언어운용을 위한 주요 개념으로 고려되는 국면에 대하여 고찰할 것이다.

2.1 필수출력조건과 내재적 언어

'내재적 언어'에 반대되는 개념은 외재적 언어 (Externalized Language: E-language)이다. 외재적 언어란 내재적 언어라는 프로그램에 의해 만들어진 말들이라고 할 수 있다. 우리가 보통 쓰는 '말'이라는 낱말은 외재적 언어도 내재적 언어도 지시할 수 있다. 우리가 보통 쓰는 '말'이라는 낱말은 외재적 언어도 내재적 언어도 지시할 수 있다. "말소리가 들린다"고 할 때의 '말'은 외재적 언어를 지시하고, "말할 줄 안다"고 할 때의 '말'은 내재적 언어를 지시한다고 보겠다. 따라서, 내재적 언어가 당연히 언어영역의 추상적 체계를 말한다면, 외재적 언어는 언어행위의 구체적 결과를 말한다고 보겠다. 따라서, 내재적 언어가 당연히 언어연구의 심각한 대상이 되어야 한다고 촘스키(1986)은 주장한다. 그리고 외재적 언어는 언어연구의 일차적 자료가 될 수 있지만, 그 자체로서 학문적으로 흥미있는 연구대상이 될 수 없다고 본다. 왜냐하면, 외재적 언어는 언어사용의 결과로 생겨나는 것인데, 언어사용에는 앞서 논의한 바와 같이 문법적 능력 이외에 여러 가지 다른 요인 또는 능력이 개입되기 때문이다.

내재적 언어의 규명을 목표로 하지 않고 외재적 언어만을 연구대상으로 삼는 문법이나 언어학에서는 학문적으로 심각한 연구결과를 기대할 수 없다고 본다. 구체적인 예를 들어, 앞서 논의한 구조문법은 외재적 언어만을 그 연구대상으로 삼았는데, 과연 구조문법의 성과는 보잘 것 없는 것이었고, 오늘날 학문으로서의 구조문법은 쇠퇴하고 말았다. 외재적 언어를 중시하는 다른 언어연구, 예를 들면, 사회언어학(socio-linguistics)과 같은 분야도 내재적 언어를 고려하지 않는 한 학문적 전망이 희박하다고 촘스키(1986)은 주장한다. 실제로, 촘스키(1986)은 '외재적 언어'라는 개념 자체도 문제점이 크다고 본다. 그 이유는 다음과 같다. 첫째, 외재적 언어는 내재적 언어와는 달리 그 완전한 실체를 확인할 수 없다. 모든 사람이 쓰는 말들이 모두 외재적 언어이므로, 아무리 많은 데이터를 모아 놓아도 외재적 언어의 완전한 실체가 성립되었다고 할 수는 없다. 둘째, 외재적 언어는 그 완전한 실체의 확인이 불가능하므로, 외재적 언어의 전반적 특성의 규명도 불가능하다. 따라서, '외재적 언어'라는 개념은 허구라고 촘스키(1986)은 주장한다. 우리는 인간탐구 과학으로서의 현대언어학, 즉 생성문법의 특성을 확인하면서, 생성문법이 어떻게 인간탐구에 공헌하고 있으며, 앞으로 어떻게 공헌할 것인지 살펴보았다. 다음에는 필수출력조건과 국면의 개념이 궁극적으로 어떤 의의를 갖는지 살펴보자.

2.2 필수출력조건과 접합점

필수출력조건은 앞서 논의한 바와 같이 언어외적으로 주어지는 명시적 언어 설계지침 (external and specific design specifications)

이다. 필수출력조건(BOCs)을 최적으로 만족시키는 방법은 여러 가지가 있을 수 있다는 것이다. 따라서, 'an optimal solution to BOCS'라고 해야 할 것이다. 본고에서는 필수출력조건을 가장 잘 만족한다고 생각하는 한 가지 가설을 밀고 나가게 될 것이다. 개념적 자연성 조건은 언어-내적으로 주어지는 일반적 언어 설계지침(language-internal and general design specifications)이다. BOCs는 언어에 국한된 설계지침일 것이다.

1920년 Sapir는 많은 언어학적 증거에 입각한 논문을 발표하고 끝에 가서 심리적 실재 (psychological reality)에 관한 논증을 첨가했다. 말하자면, Sapir는 그의 언어학적 분석을 많이 제시했었지만 그의 결론을 보강하기 위해 심리적 실재의 논증을 첨가해야 했다. 이와 같이 언어학자들은 그들의 언어학적 증거에 입각해서 강력한 논증을 전개해 놓고도 심리적 실재의 논증을 첨가하려고 시도했다. 그러나 심리적 실재란 무엇을 나타내는가? 심리적 실재의 논증이 언어학적 증거의 논증보다 더 강력한 논증인가? 이런 모든 의문에 대해 전혀 확실한 해답을 주지 못하면서 언어학자들은 실재(reality)나 언어학적 증거 (linguistic evidence)를 통해 결정적 논증을 확보하려는 갈망을 필수 출력 조건의 최적 해결 (optimal solution of BOC)에서 찾을 수 있었다.

필수출력조건은 수행체계가 인지체계에게 요구하는 해독조건이다. 다시 말하면, 적절한 언어 기능을 위하여 인지체계의 출력인 음성형태와 논리형태가 최대한 효율적으로 수행체계에 연결될 수 있어야 한다는 조건이다. 이러한 수행체계의 요구는 매우 당연한 것이다. 왜냐하면, 인지체계의 출력이 수행체계에 최대한 효율적으로 연결될 수 없다면, 음성/의미 정보의 소통이 단절되어 정상적 언어 기능이 마비될 것이기 때문이다. 따라서 필수출력조건은 어떤 이론의 언어학에서도 보편적으로 인정되는 조건이다.

원리와 매개변인 이론의 정립을 통해 우리는 언어에 대해 일찍이 생각해 보지 못한 새로운 종류의 질문을 할 수 있게 되었고, 마침내 최소주의에 이르러서는 최적 또는 완벽한 언어설계에 관한 질문까지 하게 되었다. 이와 같이 생성문법의 특성은 우리로 하여금 지금까지 우리가 상상하지도 못했던 새로운 질문을 언어에 대해서 또는 인간에 대해서 하게 한다는 것이다.[30)]

최소설계명세(Minimal Design Specification)는 바로 필수출력조건(BOCS: Bare Output Conditions)을 뜻한다. 'Output Condition'이란 도출주의(derivational approach)를 가정하는 개념이다. 즉, 단계적(step-by-step) 도출의 맨 끝에 적용된다는 것이다. 따라서, 최소주의에서 BOCs의 개념이 긴요하게 쓰인다는 것 자체가 최소주의가 도출주의를 채택하고 있다는 확증이 된다. 'Bare'는 인지체계(Cognitive System: C_{HL})에 기인하지 않는의 뜻이다. 즉, 'Bare'는 '문법 밖의 수행체계에 의해서 주어지는'의 뜻이다. 이렇게 문법 밖의 체계에 의해 문법체계에 주어지는 필수출력조건은 최소주의 이전에는 없었던 개념이다.

수행체계는 인지체계와 문법에 외적 작용 (external to cognitive

30) 최근에 와서 언어의 본질에 대하여 언어가 이상적 언어설계를 어느 정도로 잘 만족시키고 있을까? 같은 새로운 질문을 하기 시작한다. 이런 질문은 어떤 언어학자들도 상상도 못한 질문이었다. 결국 우리가 언어학을 하는 가장 중요한 핵심적인 이유는 우리가 언어에 대해서 새로운 질문을 할 수 있기 위해서이다.

system)을 하지만 우리의 마음과 두뇌에는 내적 작용 (internal to mind/brain)을 한다. 말하자면, 수행체계와 인지체계가 모두 우리의 마음과 두뇌 안에 있는데, 이것들이 서로 배타적인 위치에서 단지 필수 출력 조건을 통해서 상호 작용할 뿐이라는 최소주의 가설은 여러 가지 의문을 일으키는 증거가 나타나고 있지만, 우리는 이것들을 배타적 위치에 놓고 최소주의를 전개하고 있다. 따라서 최소주의의 이러한 가정을 단순화 가설 (Simplifying Assumption)이라고 부른다. 그러면 수행체계가 필수 출력 조건을 통해서 인지체계와 상호 작용한다고 가정하는데 그것은 구체적으로 어떻게 진행되는지 살펴보자. 우선 필수 출력 조건을 통해서 상호 작용하는 통로를 둘만 설정하여 PF와 LF만이 통로가 된다. 말하자면, PF와 LF만이 수행체계와 인지체계 사이의 접합점 층위 (interface level)가 되며 또한 수행체계와 인지체계 사이의 접합접 단계가 된다. 그리고 수행체계의 상호작용은 일률적이라고 가정한다. 감각작용 체계는 오직 PF 정보만을 일률적으로 활용하고 사고 체계는 LF 정보만을 일률적으로 활용한다고 가정한다. 그러나 이 가정이 완전하게 사실이라고 보기 어려운 실정이다. 또한 감각작용 체계와 사고 체계가 완전히 구분된다고 주장하지만 이것 또한 의문의 여지가 있다. 즉, 감각체계가 LF에서 의미를 해석해 낼 때 감각작용 체계의 PF 해석의 정보도 필요하게 된다.

2.3 완전 해석성 원리

인지체계와 수행체계의 접합점은 음성형태와 논리형태이므로,

필수출력조건은 음성형태와 논리형태에 적용된다. 음성형태에 적용되는 음성적 필수출력조건(phonetic BOCs)은 인간의 조음-청취체계 (Articulatory- Perceptual System, A-P System)[31]가 인지하고 조음할 수 있는 음성만이 음성형태에 나타나기를 요구한다. 따라서, 인간의 조음-청취체계로 조음 또는 청취할 수 없는 음성이 내포된 음성형태는 음성적 필수출력조건을 위배하므로 그 도출은 음성 해석이 불가능해 진다. 예를 들어, 최적절이론(Optimality Theory)에서 주장하는 제약조건들(constraints)이나 지배결속 이론에서 주장했던 여과장치(filters)는 'Bare Condition'이 아니다. 왜냐하면 그들은 문법 내의 문법운용에 직접 기인하는 제약조건이기 때문이다.

최소주의에서는 최소설계명시인 BOCs에 대한 최적절 해결(optimal solution)에 입각한 언어분석이 요구된다. 그런 언어분석이 최소주의의 이상적 언어분석이다. 그러나 지금까지 이런 이상적 언어분석은 거의 없었다. 원리-매개변인 이론에 입각하여 제시된 언어분석들도 거의 전부 'BOCs에 대한 최적절 해결 (optimal solution to BOCs)'에 입각한 이상적 분석이 아니었다. 필수출력조건이 인지체계와 수행체계 사이의 접합점 조건이면서도 언어/문법의 핵심적 요인으로 간주되는 것은 언어/문법에 있어서 언어-외적 요인의 중요성을 직접적으로 반영한다.

인지체계가 PF와 LF를 어떻게 만들어 내는지 고찰해 보자. 먼저 보편문법에 의해 자질이 배당되고 이 자질들이 결합(assembly)되어

31) Chomsky(1998)은 조음-청취 체계를 감각-동작 체계 (Sensori-motor System)라고 부른다.

어휘들(=LEXF)이 형성된다고 가정한다. 그리고 이 어휘들이 결합하여 언어적 구조가 형성되고 그것이 PF와 LF로 도출된다. 자질들이 결합하여 어휘가 되는 과정이 종래의 음운론(phonology)과 형태론(morphology)에 해당되는 과정이다.

최소주의의 필수출력조건은 종래 생성문법의 보편문법 원리 (UG principle)에 비유될 수 있다. 그러나 상당한 차이가 있다. 우선 보편문법 원리는 우리의 언어능력의 최초상태(Initial State, S0)로 존재하는 것으로 설정되고, 필수출력조건은 언어-내적 체계와 언어-외적 체계 사이의 접합점에 존재하는 것으로 설정된다. 'BOCs에 대한 최적절 해결'에 입각하지 않은 언어분석은 '참된 설명 (genuine explanation)'이 못된다. 즉, 'BOCs에 대한 최적절 해결'에 입각하지 않은 언어분석은 '정당화되지 않은(unmotivated)' 요인들을 내포한다. 또 보편문법 원리는 매개변인화(Parameterization)가 적용되기 이전의 순수 보편원리로 설정되고, 필수출력조건은 약간의 매개변인화가 적용될 수 있다고 간주된다. 예를 들어, 언어 구성처리(Language Processing) 기능에 있어서 영어와 일본어 사이에 차이가 있음이 밝혀지고 있다. 만일 그것이 사실이라면, 영어와 일본어 사이에 언어처리를 위한 필수출력조건이 서로 다르게 설정되어야 할 것이다.

필수출력조건은 최소주의의 이론적 체계에 기초한 개념이고, 문법 규칙의 심리적 실체는 직관적이고 모호한 개념이다. 따라서 종래의 문법 규칙의 심리적 실체라는 모호한 개념은 필수출력조건이라는 명시적(explicit) 개념으로 대치되어야 마땅하다. 필수출력조건은 수행체계가 인지체계에게 요구하는 조건이다. 그리고 수행체계는 언어에 관련된 '비언어능력(non-language-dedicated faculty)'의 체계이다. 다시 말하면, 수행체계는 우리가 말을 할 수 있기 위해서만 존재하는 것이라고 할 수 없다. 즉 'BOCs에 대한 최적절 해결'에 의한 언어분석은 구체적으로 어떠해야하나? 이 질문은 실제로 BOCs와 수행체계가 아직 확실히 확정되지 않은 상황에서 확실히 답할 수 없다. 그러나 한 가지 확실한 것은 정당화되지 않은 불완전성의 요인이 참된 설명에는 개입되지 않아야 한다는 것이다. 물론 정당화되지 않은 불완전성 요인도 이론의 발전상황에 따라 달라질 수 있다. 'Bare Condition'이란 C_{HL}에 기인하지 않는 조건(condition)이라고 했는데, C_{HL}에 기인하는 조건과 C_{HL}에 기인하지 않는 조건을 구별하는 기준은 무엇인가? 이 질문도 한마디로 답하기 어렵다. 촘스키 자신도 오랜 세월 결속이론이 C_{HL}에 기인하는 조건, 즉 S-구조(S-structure)에 적용되는 조건으로 믿어왔다. 그러나 최근 결속이론은 C_{HL}에 기인하지 않는 조건으로 밝혀지고 있다. 그런데 수행체계가 설정해야 하는 것으로 보여지는 필수출력조건들을 살펴보면, 수행체계가 기본적으로 언어만을 위한 기관이 아니라는 가정에 의문이 제기되는 경우가 있다. 어떠한 인간 언어도 습득하기 이전에 수행체계만을 갖추고 있다고 간주되는 유아가 인간의 말소리와 다른 소리를 구별할 줄 알고, 또 곧 서로 다른 언어의 말소리를 구별할 줄 알게 된다는 사실이 밝혀지고 있다. 결국, 수행체계가 완전 '비언어능력'이라는 가정에는 상당한 의문의 여지가 있다고 하겠다.[32)]

---

32) 'Bare Condition'이란 C_{HL}에 기인하지 않는 조건(condition)이라고 했는데, C_{HL}에 기인하는 조건과 C_{HL}에 기인하지 않는 조건을 구별하는

이동은 일치나 병합이 하지 못하는 일을 하기 위해 인간언어에 설정되는 것이라고 주장한다. 즉, 이동은 필수출력조건이 'Topic, Focus, Theme'과 같은 표면적 의미 효과를 포착하는데 필요한 구조를 조성해주기 위해 설정된다고 본다. 이와 같이 표면적 의미 효과의 필수출력조건을 위해 이동이 설정되는 것이 아니라면, 인간언어에 이동이 설정되는 것은 완전히 수수께끼가 된다. 그리고 이동은 학문적 연구의 대상이 안 된다. 따라서 우리는 이동은 표면적 의미 효과(surface semantic effects)의 필수출력조건을 위해 설정되는 것이라고 가정해야한다.

최소주의는 언어능력(Language Faculty)인 인지체계(Cognitive System)와 비언어능력인 수행체계가 확실히 구별된다는 가정 위에 설정되는 이론이다. 왜냐하면, 최소주의의 한 가지 핵심 개념인 필수출력조건이 바로 언어능력인 인지체계와 비언어능력인 수행체계 사이의 조건이기 때문이다. 따라서 인지체계는 언어능력 안에 있고 수행체계는 언어능력 밖에 있다. 동시에 최소주의 이론상 '언어'는 인지체계만을 반영한다고 본다.

기준은 무엇인가? 이 질문도 한마디로 답하기 어렵다. Chomsky자신도 오랜 세월 결속이론이 C_{HL}에 기인하는 조건, 즉 S-구조(S-structure)에 적용되는 조건으로 믿어왔다. 그러나 최근 결속이론은 C_{HL}에 기인하지 않는 조건으로 밝혀지고 있다. 즉, 결속이론은 인지체계 밖에 수행체계에 속하는 것으로 밝혀지고 있다. 음성적 조건 (phonetic condition)들도 C_{HL}에 기인하는 조건으로 간주되어 왔으나 C_{HL}에 기인하지 않는 형태-음운 조건 (morpho-phonological condition)으로 밝혀질 가능성이 있다.

2.4 국면의 개념

최근 촘스키는 배번집합 단위에 대하여 새로운 제안을 한다. 즉, 배번집합의 단위는 CP와 vP라고 주장하고 그것을 국면(phase)라고 불렀다. 종래의 배번집합 단위와 다른 점은 vP도 배번집합의 단위, 즉 국면이 된다고 주장한 것이다. 초기 생성문법에서부터 순환(Cycle)의 범위, 즉 순환 절점(Cyclic Node)에 대하여 여러 가지 제안이 있었다. 생성문법 초기에는 S(=IP, TP)만이 순환 절점이 된다고 보았다. 그리고 그것을 S-순환(S-cyle)이라고 불렀다. 그 뒤에는 NP도 순환 절점이 된다고 보고 그것을 NP-순환(NP-cycle)이라고 불렀다. 그 뒤에는 PP 같은 다른 최대투사범주(Maximal Projection)들도 순환 절점이 된다고 보았다. Chomsky(1998, 1999)는 최소주의에서의 새로운 순환 절점의 개념으로서 국면을 제안하고 CP와 v*P가 국면이 된다고 주장하였다.

Chomsky는 시제절(=tensed TP)의 완전한 T는 항상 C에 의해 선택된다고 주장한다. 그리고 Chomsky(1995)가 모든 문법적 원리/조건을 완벽히 만족(converge)시키는 최소단위라고 한 것도 지금 Chomsky의 CP와 일치한다. 그러나 vP는 Chomsky(1995)의 배번집합 단위의 기준에 맞지 않는다. 즉, vP가 시제절일 수 없고, vP 속의 주어는 T에게 주격을 점검 받아야하므로 vP 모든 문법적 원리/조건을 완벽히 만족시키는 최소단위일 수 없다. 그럼에도 불구하고 Chomsky가 vP도 CP와 함께 배번집합의 단위, 즉 국면이 된다고 주장하는 이유는 무엇일까? 그 이유는 CP와 vP가 배번집합의 단위가 될 뿐만 아니라 순환의 단위 그리고 여러가지 통사적/의미적/음운적 규칙 또는 특성 (syntactic/semantic/phonological rule or property)의 단위가 되기 때문이다. 배번집합의 단위로만 쓰이지 않고 이렇게 여러 가지 통사적/의미적/음운적 단위가 되는 CP와 vP를 국면이라고 부르기로 한다.

최소주의에서 국면을 정의하는 요인으로서 합치(Convergence)와 명제(Proposition)라는 두 가지 개념이 고려되었다. 합치는 최소주의의 통사적 개념이고 명제는 의미-통사론적 개념이다. 합치에 입각한 국면의 정의는 '완전 합치하는 구조'가 된다. 명제에 입각한 국면의 정의는 '완전 명제를 이루는 구조'가 된다. 최근 결속이론은 C_{HL}에 기인하지 않는 조건으로 밝혀지고 있다. 즉, 결속이론은 인지체계 밖에 수행체계에 속하는 것으로 밝혀지고 있다. 음성적 조건(phonetic condition)들도 C_{HL}에 기인하는 조건으로 간주되어 왔으나 C_{HL}에 기인하지 않는 형태-음운 조건 (morpho-phonological condition)으로 밝혀질 가능성이 있다. 합치하는 구조란 비해석성 자질을 하나도 내포하지 않는 구조이다. 즉, 점검/일치를 통해 모든 비해석성 자질이 삭제된 구조이다. 따라서, 여러 가지 범주의 구조가 합치에 입각한 국면이 될 가능성이 있다. 완전 명제를 이루는 구조도 여러 가지 있을 수 있으나, Chomsky(1998, 1999)는 다음과 같은 이유에서 특히 CP와 *v**P를 명제에 입각한 국면으로 고려한다: CP는 T의 시제(tense)와 C의 문형의 정보까지 내포하는 완전 명제이고, *v**P는 외재논항(external argument)까지 내포하는 완전 논항 구조 (complete argument structure)의 명제이다[33].

---

33) 외재논항을 내포하지 않는 수동(passive) 동사구나 비대격(unaccusative)

어떤 구문의 도출에 있어, 배번집합을 국면 단위로 나누어 도입[34]하기로 하면, 명제에 입각한 국면으로는 다음과 같이 위의 문제가 해결된다. 명제에 입각한 국면에 따라, 종속절 CP 국면을 위한 배번집합(즉 어휘배열)을 선정할 때 허사 *there*를 포함시키지 않고, 주절 CP 국면을 위한 배번집합을 선정할 때 허사 *there*를 포함시키면 된다. 그러나 합치에 입각한 국면으로는 그러한 해결이 불가능하다.

CP와 vP를 국면으로 보는 근거는 다음과 같다. CP와 vP는 가장 폐쇄된 체계 (closed system)이다. 즉, CP는 완전 폐쇄된 체계이고 vP는 거의 폐쇄된 체계이다. 왜냐하면, CP를 건너서 일치가 절대 일어날 수 없고 (연속 순환적 이동은 제외), vP를 건너서는 주어와 T 사이의 일치만 허용될 뿐이다. 폐쇄된 체계란 독립적 동사구조 (independent syntactic object)이다. 따라서, 문법적 운용이 적용

동사구를 내포하는 vP는 v*P와 구별하여 약국면(weak phase)이라고 부르고 정상적 국면으로 보지 않는다. 정상적 국면인 v*P는 강국면(strong phase)이라고 부른다.

34) 이와 같이 국면 단위로 나누어진 배번집합을 편의상 어휘배열(Lexical Array, LA)이라고 부르자. 따라서, 하나의 배번집합이 여러 어휘배열로 구성될 수 있다. 그러나 Chomsky(1998, 1999)는 이러한 어휘배열을 하위어휘배열(Lexical Subarray)이라고 불렀다. 왜냐하면, Chomsky(1998, 1999)는 어휘배열(Lexical Array)이라는 용어를 다른 뜻으로 썼기 때문이다. 즉, Chomsky(1998, 1999)는 각 어휘에 그 어휘가 어떤 주어진 도출에 쓰여질 횟수를 지표(index)로 표시하지 않은 배번집합을 어휘배열이라고 불렀다. 다시 말하면, Chomsky(1998, 1999)에게 어휘배열은 '배번(配番)'되지 않은 배번집합이다. 따라서, Chomsky(1998, 1999)는 배번/지표가 없는 어휘배열을 배번/지표가 주어진 배번집합으로 대치함으로써 연쇄(Chain)에서 지표를 제거할 수 있다고 주장한다 (Chomsky 1998).

되는 대상이 주로 폐쇄된 체계가 된다.

'완전 명제를 이루는 구조'들 중에서 특히 CP와 *v**P를 국면으로 설정하는 다른 근거들을 확인해 보자. CP와 *v**P는 의미론적으로 '완전 명제'라는 특성을 가질 뿐만 아니라 통사적으로도 하나의 '자연스런 통사체(natural syntactic object, SO)'로 행동한다. 예를 들어, CP는 C(=*that*)를 남겨두고(C-stranding) TP만 이동하지 않는다. 그러나 TP는 T(=*will*)만 남겨두고(T-stranding) *v*P만 이동할 수 있다. 따라서 TP는 국면이 아니다. CP와 *v**P는 자질-일치에 기인하지 않는(non-feature-driven) 이동에 있어서도 그 적용 대상이 된다. 예를 들어, 소위 동사구-전치(VP-Fronting)도 실제로는 *v**P 이동이다. 그리고 음운부문/저층구조에서 적용되는 외치, 의사분열(Pseudoclefting), 부분 응답 (Response Fragment), 등도 CP 또는 *v**P에 적용된다.[35)]

DP도 완전 명제가 될 수 있고 동시에 하나의 '자연스런 통사체'로 행동한다. 따라서, DP도 국면으로 간주될 가능성이 충분히 있다. DP나 PP도 CP와 비슷한 독립적 통사적 목적어 (independent syntactic object)로 볼 수 있지 않는가 하는 점을 고려해 볼 수 있다. 즉, DP나 PP도 여러 가지 이동 운용 (Movement operation)의 대상이 되고 또 의미론적으로 특히 DP는 CP 또는 vP와 비슷한 명제적 속성을 갖는다고 볼 수 있지 않은가 하는 점이다. 여기에 대해서 Chomsky는 주어-상승(Subject-Raising), 목적어-상승(Object-

35) 한편, 자질-일치에 기인하지 않는 논리형태 이동에 있어서도 CP와 v*P가 그 적용 대상이 된다. 예를 들어, 양화사-인상(QR), 양화사-재구성(Reconstruction) (Fox 1999), 등에 있어서 CP와 v*P가 그 표적(target)이 된다고 본다.

Shift)의 경우 DP의 이동으로 보고 있다. 또 의미론적으로 DP도 CP와 거의 같은 명제로 간주한다 실제로 D의 한정성과 T의 시제가 의미론적으로 유사하다고 주장하는 사람도 있다. 그러나 D를 C-T-V의 핵심 기능범주로 보지 않는 이유는 D (또는 P)는 C-T-v와 상호작용(interaction)하지 않는다. 그러나 Riemsdijk(1989)가 주장했듯이 PP 안에서 wh-이동이 일어난다면 PP도 국면으로 보아야할 것이다.

PP도 어느 정도 독립된 통사적 목적어 (independent syntactic object)로 간주된다. 그러나 이들을 국면으로 간주하지 않는 것은 DP나 PP는 CP-TP-vP의 핵심기능범주로 간주되지 않기 때문이다. 즉, 모든 절이 CP-TP-vP로 구성되지만, PP나 DP는 모든 절의 핵심적 구조가 되지 않기 때문이다. 실제로 배번집합이나 순환의 단위로서 DP나 PP가 설정될 가능성은 없다. 따라서, 국면으로 설정될 가능성으로서 CP, TP, vP만을 고려하는 것이다. 그러나 Chomsky(1998, 1999)는 DP가 다른 범주와 일치 등에 있어 상호작용을 하지 않는다는 점에서 국면으로 아직 설정하지 않고 있다. Chomsky(1998, 1999)는 C, T, v만을 핵심기능범주(Core Functional Category, CFC)로 인정하고 있다. 핵심기능범주는 상호작용하는 핵심적 기능핵들이다.

PP는 다른 범주와 일치 등의 상호작용을 한다는 주장이 있다. *Wh*-이동이 vP의 지정어에 들러가듯이 PP의 지정어에도 들러간다는 주장이 있다. 그러나 PP는 '완전 명제'가 될 수 있는지 의심스럽고, P(=*to*, *in*)를 남겨두고(P-stranding) DP만 이동할 수 있다. 따라서, PP는 국면으로 간주되기 어렵다.

2.5 국면과 순환적 문법적 도출

어떤 표현의 도출에 있어서 그 표현의 배번집합을 일시에 투입하지 말고 그 배번집합을 그 표현의 국면에 따라 나누어 투입해야 한다고 하였다. 그리고 그렇게 배번집합을 국면에 따라 나누어 생겨나는 배번집합의 부분들을 어휘배열이라고 부르기로 하였다. Chomsky는 강력 순환성 가설 (Strongly Cyclic Hypothesis)이나 순환문자화 가설 (Cyclic Spell-Out Hypothesis)의 순환의 개념 또는 단위도 국면이라고 주장한다. 즉, 강력 순환성 가설의 순환도 국면을 그 단위로 하고, 순환문자화 가설에서도 국면 단위로 문자화(Spell-Out)가 일어남을 규정한다고 본다. 강력 순환성 가설에서 순환의 단위를 국면으로 보는 근거는 다음과 같다. 운용적 복잡성 (operative complexity)을 줄이기 위해 접근의 축소 (Reduction of Access)를 다음과 같이 점진적으로 추진해간다고 제안했다.

각 문장의 도출에 있어서 배번집합 단위가 심각한 개념으로 대두되고 있다. 그리고 배번집합 단위가 하위인접조건과 같은 통사적 현상에서 순환의 단위로 활용되고 있다. 이와 같이 배번집합 단위가 순환의 단위로 규명된다는 것은 국면의 단위가 순환의 단위로 규명될 수 있음을 시사한다고 Chomsky는 최소주의에서 순환의 개념을 규명하는 강력순환성 가설에 있어 순환의 개념은 바로 국면의 개념이 된다고 주장한다. 따라서, 최소주의에서 순환은 CP와 vP가 된다고 주장한다. 결론적으로, 국면은 도출을 위한 어휘의 도입에서부터 중요한 역할을 한다.

최소주의에서 순환의 단위를 국면, 즉 CP와 vP로 설정하면, 순환 문자화 원리에서의 순환 개념도 국면일 수밖에 없다고 본다. 과거에는 자질점검이 일어나는 순간마다 [-해석성] 자질의 삭제와 문자화가 동시에 일어난다고 했는데, 지금은 일치에 의한 자질의 삭제와 문자화가 일치되는 순간에 즉시 일어나는 것이 아니라, vP나 CP에 도출이 도달할 때까지 기다렸다가 다른 일치의 [-해성성] 자질과 함께 몰아서 삭제하고 문자화한다고 본다. 즉, 일치하는 [-해석성] 자질의 삭제와 문자화가 vP와 CP 단계에서만 가능하다는 것이다. 그러면, [-해석성] 자질의 삭제와 문자화는 순간순간 하는 것과, 그것을 CP와 vP에서 몰아서 하는 것과 어떠한 차이가 있을까? Chomsky가 지금으로서는 그 차이가 별로 없어 보이지만, 앞으로 어떤 심각한 차이가 발견될지 모른다고 본다. 특히 *wh*-이동과 관련하여 많은 가능성이 있다. 결론적으로, 모든 문법적 운용(문자화 포함)이 국면 단위로 진행된다. 아마도 음운론에서도 모든 음운론적 운용이 국면 단위로 이루어질 것이다. 실제로 문자화에 의해 음운론으로 넘어가는 구조는 국면 단위가 된다.

연산체계 운용이 각 국면 단계에서 일단 마무리 되고 다음 국면 단계로 넘어 간다는 것이다. 구체적으로 바꾸어 말하면, 모든 국면의 핵(=C/v*)은 도출이 다음 국면으로 넘어 가기 전에 모든 비해석성 자질이 일치를 통해 삭제되어야 한다는 것이다. 즉, 도출이 다음 국면으로 넘어 간 뒤에는 이전의 국면들은 활동이 정지되기 때문이다.

만일 도출이 다음 국면으로 넘어간 뒤에까지 이전 국면의 어떤 비해석성 자질이 삭제되지 않고 그대로 남아 있다면 그 도출은 파탄(Crash)할 수밖에 없다. 왜냐하면, 그렇게 남아 있는 이전 국면의 비해석성 자질은 영원히 삭제될 기회가 주어지지 않을 것이기 때문이다. 한 국면의 도출이 끝나고 그 다음 '새로운 국면'으로 넘어 가면, 기본적으로, 그 '지나간 국면' 내부에 대하여 어떠한 작용도 더 이상 할 수 없는데, 다만 그 '지나간 국면'의 핵과 지정어에 대해서는 예외적으로 작용이 허용된다는 것이다. CP 구조에는 v*P와 CP의 두 국면이 있는데, 그런 CP 구조의 도출 과정의 어느 시점에서 v*P는 '지나간 국면'이 되고 CP는 '새로운 국면'이 될 수 있다. 어떤 표현(expression)의 도출에 있어서 그 표현의 배번집합을 한꺼번에 투입하지 말고 그 배번집합을 그 표현의 국면에 따라 나누어 투입해야 한다고 하였다. 그리고 그렇게 배번집합을 국면에 따라 나누어 생겨나는 배번집합의 부분들을 어휘배열이라고 부르기로 하였다.

연산체계 운용이 각 국면 단계에서 일단 마무리 되고 다음 국면 단계로 넘어 간다는 것이다. 구체적으로 바꾸어 말하면, 모든 국면의 핵(=C/v*)은 도출이 다음 국면으로 넘어 가기 전에 모든 비해석성 자질이 일치를 통해 삭제되어야 한다는 것이다. 즉, 도출이 다음 국면으로 넘어 간 뒤에는 이전의 국면들은 활동이 정지되기 때문이다.

만일 도출이 다음 국면으로 넘어간 뒤에까지 이전 국면의 어떤 비해석성 자질이 삭제되지 않고 그대로 남아 있다면 그 도출은 파탄(Crash)할 수밖에 없다. 왜냐하면, 그렇게 남아 있는 이전 국면의 비해석성 자질은 영원히 삭제될 기회가 주어지지 않을 것이기 때문이다.

한 국면의 도출이 끝나고 그 다음 '새로운 국면'으로 넘어 가면, 기본적으로, 그 '지나간 국면' 내부에 대하여 어떠한 작용도 더 이상 할 수 없는데, 다만 그 '지나간 국면'의 핵과 지정어에 대해서는 예외적으로 작용이 허용된다는 것이다. CP 구조에는 v*P와 CP의 두 국면이 있는데, 그런 CP 구조의 도출 과정의 어느 시점에서 v*P는 '지나간 국면'이 되고 CP는 '새로운 국면'이 될 수 있다.

C_{HL}의 기본 운용인 병합과 일치는 순환적으로 운용된다. 그리고 순환적 철자화는 CP와 vP 단위로 운용된다. 즉, 철자화의 단위가 국면(=CP, vP)이다. 이와 같이 국면에 입각한 순환적 철자화는 협의의 통사론(LF 포함)에도 음운부에도 적용된다. 국면이 아닌 것(=TP, VP 등)은 철자화의 단위가 될 수 없다. (VP란 vP를 동반하지 않는 약동사구(Weak Verb Phrase= unaccusative/passive)를 의미한다.[36]

C가 *v**P의 지정어에 작용할 때는 *v**P와 CP의 두 국면이 개입되지만, T가 *v**P의 지정어에 작용할 때는 *v**P 하나의 국면만이 개입된다는 사실이다. Chomsky(1999)의 국면 순환성 논의에 있어 두 국면이 개입된다고 하는 경우는 반드시 '새로운 국면'의 핵이 '지나간 국면'의 핵이나 지정어에 작용하는 경우이다. 기타의 국면 순환성은 항상 하나 이하의 국면만이 개입된다. 국면 순환성은 기본적으로 하나의 국면 안에서 적용되거나 하나의 국면을 넘어서 적용된다. 예외적으로, 국면 순환성이 두 국면에 걸쳐서 적용될 때는 '새로운 국면'의 핵이 '지나간 국면'의 핵이나 지정어에 작용하는 경우뿐이다. 그리고 국면 순환성이 셋 또는 그 이상의 국면에 걸쳐서 적용되는 경우는 결코 없다. 모든 순환적 문자화가 국면 단위로 적용된다

---

36) DP가 국면이 될 수 있는 가능성에 관하여 Chomsky는 아직 확정은 못하고 있다. 왜냐하면, D는 핵심 기능범주가 아니기 때문이다.

고 했는데, 국면을 지나서 적용되는 운용도 있다. 다음 (1)과 같은 국면 구조에서 H의 보충어인 XP 속으로 적용되는 운용은 절대 불가능하지만 H와 H의 지정어는 그 국면 밖으로부터 운용이 적용될 수 있다.

(1) [HP SPEC [H XP]]

핵(Head)은 핵이동(Head Movement)이 통과될 수 있고 지정어를 통해서는 연속-순환적 이동(successive-cyclic raising)이 일어날 수 있다. (1)에서 H의 보충어인 XP는 H의 영역이고 H의 지정어를 H의 'Edge'라고 부른다. 따라서, 다음 (2)와 같은 국면침투조건(Phase Penetrability Condition)이 설정된다.

(2) In phase α with head H, the domain of H is not accessible to operations outside α, but only H and its edge.

(1)과 같은 국면 α에서 영역인 XP 속으로 α 밖에서 운용이 적용될 수 없으나 H나 H의 지정어에는 가능하다. 국면 단위로 적용되는 다른 문법적 운용은 다음과 같다. 재구성(Reconstruction)도 국면 단위로 적용된다. 즉, vP나 CP에서만 재구성이 일어날 수 있다. 통사부 밖에 있는 LF 접합점에서 적용된다고 간주되는 QR과 같은 비-자질-유도 운용(non-feature-driven operation) 표적도 vP/CP인 듯하다. 음운부 밖에 있는 PF 접합점에서도 적용되는 조음적 음성부(articulatory phonetics)도 국면 단위로 작용할 듯하다. 이와 같이, 거의 모든 주요 문법적 운용이 국면 단위로 적용된다는 것은 최적절

언어 설계일 것이다.

위와 같은 설명은 의문사가 목적어가 아니면서 VP 안에서 출발한 경우에도 적용된다. 왜냐하면, 다음 (3)의 조건에 따라 VP 안에서 출발하는 모든 의문사는 v*의 지정어 자리에 들러서 C의 지정어 자리로 인상될 수 있기 때문이다.

(3) **국면의 핵에는 확대투사자질과 P-자질이 함께 부여될 수 있다.** (The head H of phase PH may be assigned an EPP- and P-feature.) (Chomsky 1998)

(3)은 수의적(optional) 규칙으로 설정되어 있으나 실제 적용의 결과의 측면에서 볼 때, 국면침투불가조건(PIC)인 (2)는 최소주의 순환성 조건이면서 종래의 하위인접조건(Subjacency Condition), 주어 적출 (subject extraction)에 관련된 공범주 원리(ECP), 핵이동제약(Head-Movement Constraint) 등을 포착해 준다. 그리고 DP도 국면으로 간주된다면, (3)가 Huang(1982)의 적출영역조건(Condition on Extraction Domain, CED)도 포착해 준다.

국면침투불가조건 (2)에 의해 수의적(optional) 규칙 (4)이 예상적용의 비국부성을 야기하는 것이 방지되며 (5)의 효과를 가져온다.

(4) **국면의 핵에는 확대투사자질과 P-자질이 함께 부여될 수 있다.** (The head H of phase PH may be assigned an EPP- and P-feature.) (Chomsky 1998)

수의적 규칙 (4)을 특히 *v**와 관련하여 부연·명시하면 (15)와 같다:

(5) v*에 확대투사자질이 부여되는 것은 그것이 어떤 효과를 가져올 때만 가능하다. (v* is assigned an EPP feature only if that has an effect on outcome.)

(5)에서 '어떤 효과'란 (6a, b)의 두 가지이다:

(6) a. 연속-순환적 비논항 이동 (successive-cyclic A'-movement)
b. 의미해석 복합체 (interpretive complex, INT)[37]

어떤 운용이 어떤 효과를 낸다는 것은 당연히 접합점에서의 효과만을 의미하기 때문이다. VMH(Vacuous Movement Hypothesis)와 Fox, Reinhart, Tsai의 접합점 경제성 (Interface Economy)이 제안되었다. VMH는 'vacuous movement'는 하지 말라는 것(예: 주어 *wh*-구는 CP-지정어로 현시적 이동을 하지 말라)이고 접합점 경제성은 LF 효과를 가져오는 QR만이 허용한다는 것이다. VMH도 접합점 경제성도 국부적 경제성 (local economy)으로 적용할 수 있다. VMH의 경우 표적까지 아무 것도 없는 경우는 *wh*-이동이 적용 안 된다.

Chomsky(1998, 1999)는 문자화도 국면 단위로 순환적으로 이루어져야 한다고 주장한다. 이 주장을 순환문자화 가설 (Cyclic Spell-Out Hypothesis)이라고 한다. Chomsky(1995)의 단일문자화 가설 (Single Spell-Out Hypothesis)에서는 문자화가 협의의 통사론에

37) '의미해석 복합체'란 신·구정보 (new/old information), 특정성 (specificity), 한정성(definiteness) 등의 표면구조 의미해석 정보를 총칭한다.

서 단 한번 적용되지만, 순환문자화 가설에서는 도출하는 표현이 내포하는 국면 수만큼 문자화가 여러 번 적용된다. 순환문자화는 앞서 언급한 바와 같이, 국면침투불가조건(PIC)의 특성을 반영해야 한다.

순환문자화 가설에 기인하는 문법 운용상의 경제성은 음운론 운용상의 경제성으로 직결된다. 즉, 국면 단위로 통사적 운용이 완료되어 순환문자화를 통해 음운부문으로 이전되는 통사체는 필요한 음운론적 운용을 거친 다음, 하나의 음성체(phonetic object)로 정립되어, 더 이상 음운론적 운용을 받지 않게 되므로, 음운부문의 음운론도 '지나간 국면'의 일에 대하여 완전히 잊어버릴 수 있게 된다. 단일문자화 가설에서는, 도출되는 전 구조가 한꺼번에 음운부문에 전달되어 음운부문 운용이 도출되는 전 구조에 처음부터 끝까지 매달렸으므로 음운부문 운용의 경제성은 전혀 고려되지 않았었다. 순환문자화 가설에서는 도출되는 전 구조를 항상 국면 단위로 나누어 음운부문 운용이 적용되므로, 음운부문도 어느 순간에도 하나의 국면 안의 일에만 신경 쓰게 된다. 결론적으로, 음운부문도 순환문자화를 통해 국면 단위로 순환적으로 운용된다. 따라서, 음운부문도 협의의 통사론도 순환문자화를 통해 국면 단위로 순환적으로 운용되어 강력 순환문법론이 형성된다.

2.6 국면과 표면구조 의미 해석

순환문자화 가설에 입각하여 음운론도 국면 단위로 운용되고 또 일단 '지나간 국면'에 대하여서는 잊어버리게 되므로, 음운론이 표면구조의 의미론에 관여할 가능성은 매우 희박해진다.[38] 왜냐하면, 표면구조의 의미론은 대체로 연장된 구조의 정보구조(information structure)에 연관되므로 국면 단위로 분할된 음운구조에서 표면구조 의미해석을 하기는 어렵기 때문이다. 음운부문의 운용들은 표면구조 의미해석에 도움이 될 요소들을 삭제 또는 해체해버리는 경우가 많다. 협의의 통사론도 국면 단위로 분할된 통사구조에 적용되지만, 협의의 통사론에서는 논리형태에 가서 연장된 전체 구조를 해석할 기회가 주어진다. 따라서, 최소주의에서 기저구조 의미해석뿐만 아니라 표면구조 의미해석도 협의의 통사론에 국한될 가능성이 크다. 따라서, Chomsky(1999)는 (7)과 같은 제약을 제안한다.

(7) 표면구조 의미효과는 협의의 통사론에 국한한다.
(Surface semantic effects are restricted to narrow syntax.)

---

38) 여기서 언급하는 '표면구조의 의미론'이란 소위 표면구조에 기인하는 의미의 변화를 지칭한다. 예를 들어, 구정보/신정보(old/new information), 주제(theme), 초점(focus), 한정성(definiteness), 특정성(specificity), 총칭성(genericness), 등이다.

나아가 C, T, v의 EPP 자질은 C, T, v 의 S-feature 또는 [+interpretable] 자질은 아니지만 접합점(LF) 효과를 가져온다. 즉 EPP 자질에 기인하는 이동은 'surface structure semantic effects'를 가져온다.[39] 관련되는 이론적 실제는 다음 장에서 자세히 다루어 본다.

---

39) Chomsky(1995)에 의한 기능적 범주의 선택적 특성 (Selectional Property)은 다음과 같다.

C can be unselected: CP가 주절일 때는 C가 누구에게도 선택 안된다.

C can be selected by Substantive Category: CP가 종속절일 때 V, P 또는 A에게 선택될 수 있다.

v can be selected by Functional Category T only: v는 기능범주 T에 의해서만 선택된다.

T can be selected by Functional Category C: TP가 C에게 선택될 때 완전한 TP가 된다.

T can be selected by Substantive Category V: TP가 Raising ECM 구문으로서 V에게 선택 될 때 weak ø-feature (=to)를 갖는다. 통제구조(Control structure)를 CP로 보면 통제구조는 완전한 TP가 된다.

v may also select external argument: v가 외부 논항 (external argument)을 선택하는 경우는 타동사문이고 선택 안 하는 경우는 비대격 구분(unaccusative sentence) 이다.

3

바이오-언어학과 국면

언어는 생물학에 근거를 두고 있으며 인간의 언어능력은 생물학적 특질로서 연구되어야한다고 한다. 이와 같은 생물학적 관점에서 Berwick & Chomsky(2008)는 언어는 살아있는 유기체이며 언어능력을 하나의 기관으로서 설명하는 바이오-언어학적 가설에 기초하여 언어능력을 설명하고 있다.[40] 이러한 유기적 기관으로서의 생득

40) Chomsky(2008)에서 다음과 같이 주장하고 있다:

적 언어능력은 입력된 언어정보를 문법의 형태로 출력하게 한다고 주장한다. 언어경험을 분석하여 문법형태로 형성하는 연산과정은 먼저 제공된 언어 정보를 병합(Merge)하여 국면(Phase)을 형성한다. 이후에는 국면을 감각운동 체계와 개념 의도 체계로 전이시키는 단계로 이루어진다. 이러한 연산과정을 거친 국면단위의 언어정보가 두 체계로 사상되면서 다양한 개별언어를 갖게 된다. 영어는 이러한 개별문법의 하나이다. 그러므로 영어가 모국어가 아닌 학습자들에게는 영어습득과정에서 영어문법의 오류를 보여주는 것은 당연하다. 오류가 장기간 지속되면 본래 영어와는 다른 중간어를 형성하게 된다.[41]

3.1 국면과 언어능력

본 장에서는 Chomsky(2008)의 바이오-언어학 관점에서의 언어능력을 살펴보고 많은 언어정보 입력을 처리하는 최적의 단위인 국면이란 무엇이며 국면이 갖는 바이오-언어학적 관련성을 찾아본다.

"From the biolinguistic perspective, we can think of language as in essence, an 'organ of the body', more or less on a par with the visual or digestive or immune systems. Like others, it is a subcomponent of a complex organism that has sufficient internal integrity, so that it makes sense to study it in abstraction from its complex interactions with other systems in the life of the organism."

41) 중간어(inter-language)는 Selinker(1972)가 제시한 용어로서 목표어와 학습자의 제1언어 양측으로부터 독립적이고 체계적인 제2언어 지식을 말한다.

또한, 최소주의가 제안하는 국면의 연산조건을 살펴보고자 한다.

3.1.1 바이오-언어학의 유래

바이오-언어학이라는 말은 1974년 Massimo Piattelli가 처음 사용한 용어이며 바이오 언어학에서 현재까지 중요하게 다루어지는 주제는 언어를 작동시키는 보편 원리들은 언어유전자라는 물질적, 심체적 기관에 연결된 것이기 때문에 당연히 생물학과 직결되는 것이다. 인간의 모든 측면이 생물학에 근거를 두고 있다면 언어 역시 생물학적 기초를 갖고 있으며 언어능력은 생물학적 특질로 설명될 수 있는 것이다. 바이오-언어학은 Lenneberg(1967)의 "생물구조가 언어습득에 역할을 한다"는 주장에서 시작되어 최근에는 Berwick(1998), Jenkins(2000), Hauser, Chomsky와 Fitch(2002), Piatelli-Palmarini와 Uriagereka(2004)등에 의해 재활성화 되고 있다. Berwick과 Chomsky(2008)는 바이오-언어학적 프로그램(Biolinguistic Program)을 제안하면서 언어와 생물학을 관련지었는데 인간의 언어는 시각적인 조직, 소화 조직, 또는 면역조직과 대등한 인간의 한 신체 기관으로서 복잡한 유기체의 하위 구성요소라고 주장하고 있다. 그렇다면 바이오-언어학이 주장하듯이 인간의 언어가 생물학적으로 생득적인 능력이라면 그 운용의 원리는 어떤 것인지 설명되어야 할 것이다. Berwick & Chomsky(2008)는 언어를 다른 모든 자연과학 즉 생물학과 통합하는 것이 이 문제를 설명해줄 수 있다고 보고 있다. 이러한 견해를 바탕으로 인간에게는 언어능력을 관장하는 부분이 있으며 병합이 이루어지는 협의적 통사론과 감각운동 체계와 개념의도 체계가 상호작용하는 광의의 통사론의 비교는 생물학의 유전자형(genotype)과 표현형(phenotype)이 상호 작용하는 운용과 연관지어 설명할 수 있는 것이다. 보편문법의 원리로부터 다양한 개별문법으로 표현되는 것처럼 유전자형이 간결하고 표현형이 다양한 모습을 보이는 것과 같이 생물학과 언어능력을 연관지어볼 수 있는 것이다.

바이오-언어능력의 관점에서 출발한 언어습득의 주된 관심사는 어떻게 어린 아이들이 그들의 모국어 문법을 습득하는가에 대한 의문에 초점을 두고 있다. 즉, 어린 아이들에게 입력된 언어경험들이 갑작스럽게 빠른 속도로 발전을 보여주면서 언어습득이 이루어지는 현상을 설명하는 것이다. 어린 아이들은 일반적으로 생후 12개월 정도에 이해 가능한 단어들을 말하기 시작한다. 이들의 말 속에는 문법적 발달에 대한 증거는 거의 없지만 18개월경에는 한 단어 단계(single-word stage)에서 30개 정도의 어휘력을 보여주고 이 시기에 분명하지는 않지만 최초의 문법 습득의 징후를 보여주고 있다. 예를 들어, 굴절이 이루어지는 수, 동사 형태를 사용한다. 어린 아이들의 문법 발달 속도는 가속되어 30개월쯤에는 굴절과 핵심구조를 습득하여 *Where's Mummy gone? What's Daddy doing?* 등의 성인 같은 문장을 사용할 수 있다. 그렇다면 언어습득이론이 설명해야하는 것은 바로 수개월동안 분명한 습득의 증거를 보여주지 않다가 갑작스런 다단어로 이루어진 말의 분출이나 문법의 성장유형의 획일성, 신속성이다.

이를 설명하기 위해 Chomsky(2008)은 바이오-언어학적 관점의 언어능력인 두뇌속의 생물학적으로 타고난 생득적 언어 능력이 언어경험을 통해 문법을 발전시켜 나갈 수 있는 연산방식을 제공하고 있다고 주장한다. 위와 같은 과정을 수행하는 언어능력은 입력된 언어경험을 분석하여 언어문법을 습득하게 할 수 있다는 견해는 Chomsky의 생득가설(Innateness Hypothesis)에 바탕을 두고 있다.[42)]

언어문법은 전통적으로 한 언어의 원어민이 언어능력을 갖기 위해 그 언어에 대해 밝혀주는 것이다. 그러므로 문법은 언어의 수행 보다는 언어능력에 초점을 두고 있으며 심리적 상태 또한 영향을 미치게 되므로 인지적 입장까지도 함축하고 있다. Chomsky(1986)에 따르면 "우리는 언어를 인간의 두뇌 또는 정신 속에 내면화된 인지체계로서 연구한다. 우리의 궁극적인 목표는 우리로 하여금 우리의 언어를 말하고 이해할 수 있게 하는 내면화된 언어체계의 본질을 규명하는 것이다." 그러므로 언어능력은 타고 나는 것이며 어린아이들이 입력된 언어자료들을 습득하는 부담을 최소화할 수 있는 생득적인 기제가 바로 언어능력이라고 설명하고 있다.

바이오-언어학 관점에서 언어능력을 살펴보면 내부 체계와 외면으로 표출될 수 있도록 상호작용하는 두 체계인 감각운동 체계와 개념의도 체계로 이루어져 있다. 그러므로 언어는 언어능력이 두 접합점과의 상호작용을 위해 조건을 만족 시키는 작용을 통해 생산되는

42) Chomsky는 인간은 고유의 언어능력을 유전적으로 갖고 태어난다고 주장하고 있다. 이러한 주장을 생득가설이라고 한다. 이 가설에 의하면 어린 아이가 태어날 때는 생득적인 공통의 보편문법을 가지고 태어나지만 영어가 모국어인 어린 아이와 다른 언어를 모국어로 하는 어린 아이 모두 서로 다른 언어경험(linguistic experience)에 따라 개별문법(particular grammar)을 습득하게 된다는 주장을 하고 있다.

것이다. Chomsky(2006b)는 언어능력이란 갈릴레오 직관 (Galilean Intuition)[43] 에서 출발한 완벽한 언어체계의 한 부분이며 내부체계와 상호작용하는 감각운동 체계와 개념의도 체계에 부과되는 조건들을 충족시킴으로써 언어를 생산할 수 있도록 최적으로 설계되어 있는 유기체 한 기관으로 설명하고 있다.

3.1.2 연산의 효율성

연산의 효율성은 바이오-언어학적 특성을 반영하는 개념이다. 또한, 이러한 연산의 효율성과 관련된 개념이 바로 국면이다. 언어의 생물학적 특성인 반복적, 회귀적인 병합 (recursive merge)을 통해 문장이 생성되는데 이 과정에서 핵심적인 개념은 국면이다. 바이오-언어학적 입장에서는 효율적 연산체계란 생물학적 연산체계이며 이와 관련하여 최소주의는 국면을 효율적 연산을 위한 개념으로 제안했다. 국면의 개념은 인간언어의 연산체계가 문장의 가장 깊은 종속절에서 시작하여 그 다음 단계로 나아가는 국면 대 국면의 도출에 기초한다. Chomsky(1999)는 국면은 통사적 연산이 부과하는 실질적 기억의 부담을 줄여준다고 한다. 이를 위해 다음과 같은 과정을 거친다. 한 개의 국면이 생성되면 감각운동 체계와 개념의도 체계에 전달되기 위해 접합면으로 전이된다. 이렇게 보내진 국면은 잊혀지고 새로운 국면이 형성된다. 이러한 국면 도출과정이 반복될 때마다 통사

---

43) Chomsky(2006b: 180)에서 갈릴레오 직관 (Galilean Intuition)을 "언어는 자연이며 자연은 완벽하다. 그러므로 언어도 완벽하다." 라는 의미로서 설명하고 있다.

연산과정은 병합, 국면형성, 사상을 반복함으로써 기억의 부담을 줄여 효율적 연산을 가능하게 한다.

이와 같이 국면들을 형성할 수 있는 요소들은 고유한 특성을 갖고 있다. Chomsky(2006)에 따르면 국면은 본질적으로 명제적이고 국면이 될 수 있는 영역은 CP와 외부논항(external argument)을 가진 v*P로 나타낸다.[44] Chomsky(2006)이 두 가지 구조를 국면이라고 하는 이유는 CP는 완성된 절의 복합체를 표상하고 v*P는 완성된 의미(논항구조) 복합체를 표상하기 때문이다.[45] Svenonius(2001)은 DP와 CP 사이의 유사성을 설명하면서 DP까지도 국면에 포함될 수 있다고 주장하고 있다.[46] 그러나 본 연구에서는 CP 국면과 v*P 국

---

44) Radford(2004a)의 설명에 따르면 논항은 문장의 의미구조에서 특정 유형의 표현이 수행하는 역할을 기술하기 위해 언어학자들이 철학에서 빌려온 용어이다. 예를 들면 *John hit Fred*와 같은 문장에서, 전체적인 문장은 명제(proposition)로서 술어 *hit*과 두 개의 논항 *John*, *Fred*로 이루어져 있다. 두 논항은 *hitting*의 행동에서의 두 참여자를 나타내고 술어는 그들이 관여한 행동을 나타내는 표현이다. *John says he hates syntax*와 같은 문장에서는 주절의 술어는 동사 says이고 두 개의 논항은 *John*과 *he hates syntax*이다. 여기서 논항 *he hates syntax*에서 술어는 *hates*이며, 두 개의 논항 *he*와 *syntax*의 명제이다. 동사의 보어가 V-bar 내의 내부에 위치하고, 주어는 V-bar의 외부에 위치하므로 보어는 내부 논항 (internal arguments)이며, 주어는 외부논항이다.

45) Radford(2004a)는 논항구조는 술어(predicate)와 연관되어 있는 논항의 집합과 술어와 관련된 수행하는 논항들의 의미역(thematic role)의 기술을 명시한다.

46) Svenonius(2001)는 DP도 국면이 될 수 있다고 주장하고 있다.

예) a. The enemy destroyed the city.

b. the enemy's destruction of the city.

면에 관련하여 다루고자 한다.

국면은 접합점의 의미적 측면에서 볼 때 완전명제 구조이며 소리의 측면에서 볼 때 상대적 독립성을 가지고 있다는 Chomsky(1999)의 견해에 따르면 접합점 특성과 관련하여 독립적 통사구조로서 간결하고 원리에 충실한 선택방법은 명제적인 통사적 성분을 선택하는 것이며 Radford(2004a)에 따르면 이를 충족시키는 통사구조는 CP 구조이며 이는 명제이므로 국면이 된다고 한다. 또한, 의미의 복합체로서 v*P 구조도 명제가 될 수 있다. 그러므로 v*P 구조도 국면이 된다. 동사구 내부주어 가설 (VP-Internal Subject Hypothesis: VPISH)[47]에 따르면 비대격 동사구와 수동태 동사구는 완전한 논항구조가 못되는 반면 타동사나 경험자 동사를 포함하는 v*P는 완전한 명제로서 국면이 된다.

Chomsky(2006)은 통사연산의 부담을 최소화하기 위해 도입한 국면이 일단 각 접합점으로 전이된 후 더 이상 새로이 도출되는 통사구조와는 관련되지 않는 것이 최적이라고 한다. 다음에서 도출된 통사구조를 완전히 기억하지 않도록 하여 연산의 부담을 줄이게 할 수 있는 연산 조건에 대해 살펴보겠다.

---

b에서의 *destruction*은 동사 *destroy*와 의미적 특성이 유사하기 때문에 DP도 국면이 될 수 있다고 주장한다.

47) Radford(2004a: 184-187)는 주어의 본래 위치는 동사구 내부에 있다는 가설을 다음과 같이 설명하고 있다.

예) (a) Some students should get distinctions.

(b) Lots of students have missed the classes.

(a)/(b)의 문장에서 some students / lots of students와 같은 (비허사) 주어들은 본래 동사구 내부 주어로서 vP 내에서 생성되어 spec-TP로 이동하여 예문과 같은 문장들을 도출한다고 한다.

3.1.3 연산체제와 국면불침투조건

Chomsky(1999)의 최근 연구에 따르면 통사구조는 국면(CP: 보문소구[48]와 v*P: 타동적 경동사 구조[49]를 포함하는 국면)으로 형성되며 국면의 마지막 지점에서는 이미 형성된 통사구조 중 관련된 부분은 그 이상 통사과정에 관여할 수 없기 때문에 그 부분은 음운부와 의미부로 전이된다고 한다. 그러면 이러한 국면의 운용에 관여하는 조건들을 살펴보는 것이 통사구조의 연산이 실제 효율적이며 연산의 부담을 덜어줄 수 있는지를 확인할 수 있을 것이다.

Chomsky는 모든 통사과정이 탐색자(probe)[50]와 이 탐색자에 근

---

48) 보문소구(Complementizer phrase)는 보문소가 핵인 구/절/표현이다. 예를 들며 *I think that you should apologize*, *I doubt if she realises*, *They're kept for you to show up*의 문장에서 *that/if/for* 같은 절 도입 단어의 특정 범주를 가리키는 보문소가 절의 주어앞 핵위치에 있는 표현을 말한다.

49) 타동적 경동사구(transitive light verb phrase)는 타동적 경동사가 핵인 구를 말한다. 예를 들면 *He rolled the ball down the hill.*에서 *roll*과 특성을 갖는 동사가 핵인 구를 말한다.

예) a. He rolled the ball down the hill.

b. The ball rolled down the hill.

a, b문장에서 *the ball*은 *rolled*의 주제 논항이며 두 문장에서 동일한 의미역을 수행하고 있다. 그러나 문장 b에서 rolled는 경동사로 사용되고 있으나 사역해석을 갖는 경동사로서 *make + roll the ball down the hill*의 의미구조를 갖을 수 있다. 그렇게 되면 사역 경동사의 행위자 논항의 의미역을 할당 받을 수 있는 *he*가 필요하게 되므로 a와 같은 문장이 구성되는 것이다.

50) 탐색자(Probe)는 핵이 보어와 병합될 때, 핵은 그것의 보어 내에서 일

접한 국부적 목표어(goal)[51]사이의 관계 혹은 다중 일치의 경우에 있어서는 탐색자와 두 개 이상의 국부적 목표어사이의 관계로 파악하는 것으로 설명하고 있다. 그러므로 문법 운용의 국부성 원리(locality condition)는 언어습득에서 통합문법 원리중의 하나로써 이동 및 모든 문법 조작이 이 조건을 따르고 있다고 한다. Sevnonius(2001)는 일치와 이동과 같은 통사적 도출은 순환적이며 보편 문법의 원리들 중의 하나인 국부성 원리를 준수해야한다고 한다. 또한, 국면 모형에서 각 국면의 가장자리는 이동의 국부성을 결정짓는데 있어 가장 중요한 역할을 한다고 주장한다. 이러한 국부성 원리를 바탕으로한 이동 및 문법조작을 위한 조건들 중 Chomsky(2006)은 효율적 연산을 위한 자연스런 요건으로 불가침조건(NTC: No-tampering Condition)을 고려해야 한다고 한다. 이는 국면생산 과정에서 최초의 병합이 이루진 이후 생산된 통사체는 절대로 변화시키지 않음으로써 연산을 효율적으로 할 수 있도록 한다고 한다.[52] 또한, 동시에 연산과정에서 새로운 어떤 요소도 첨가시키지 않는 포함원리(Inclusiveness Principle)를 적용한다면 연산의 복잡성을 줄일 수 있다고 말하고 있다. 이와 같은 조건과 원리를 통해 국면의 통사체가 형성된다. 그러나 이러한 과정을 거쳐 새로운 국

치 목표어(matching goal)를 찾는 탐색자의 역할을 한다.

51) 목표어(Goal)는 어떤 것이 움직이는 것을 향한 기입을 지시하는 의미적/의미역 기능의 분석에 사용된다. 예를 들어 *John sent Mary a letter*에서 *Mary*가 목표어이다. 다른 면에서 목표어는 탐색자로 수행되는 더 높은 핵에 일치하는 성분을 나타낸다.

52) Chomsk(2006a: 5)에 따르면 "A natural requirement for efficient computation is no-tampering condition(NTC): Merge of X and Y leaves the two SOs unchanged."라고 설명하고 있다.

면이 생산될 때 국면 사이에는 또 다른 조건, 국면불침투조건이 필요하다. 국면불침투조건을 살펴보면 Chomsky(2005)는 국면은 연산의 부담을 줄이기 위한 방책으로 도입된 개념이며 일단 전이가 이루어질 때 각각의 접합점으로 직접 사상되는 과정을 거쳐 전이된다고 한다. 그 이후 국면은 잊혀지고 새 국면이 계속해서 생성되는 과정의 연산이 기억의 부담을 덜 수 있다. 이러한 연산을 가능하게 할 수 있는 것이 바로 국면불침투조건이다.[53] 즉 국면 핵(head)[54]의 성분통어 영역은 외부 탐색자가 더 이상 침투할 수 없다는 조건을 말한다.[55]

---

53) Radford(2004b: 292-293)는 국면불침투조건을 다음과 같이 설명하고 있다.
"Any goal in the(c-command) domain of a phase head is impenetrable to a probe outside the phase."와 같이 "국면불침투조건이란 국면의 핵이 성분 통어하는 영역내에 어떤 목표어도 국면의 외부에 있는 탐색자에 침투할 수 없다."고 주장한다.

54) Radford(2004a)는 핵에 대해 다음과 같이 설명하고 있다. 핵이라는 용어는 두 가지로 사용된다, 구의 핵(성분)은 구의 속성을 결정하는 주요단어이다. 그래서 *fond of fast food*와 같은 구에서, 구의 핵은 형용사 *fond*이며, 그 결과로 구는 형용사구가 된다.(따라서 형용사적 표현에 연관되는 일반적 연관치를 가질 수 있다. 예를 들어 *He is fond of fast food* 에서 *is*의 보어). 대부분의 경우에, 용어 *head*는 용어 *word*와 대등하다.(예를 들어, "대격 대명사가 타동핵의 보어로 사용된다" 같은 문장에서). 같은 단어의 다른 사용에서 이동 연쇄의 핵은 연쇄에서 가장 높은 성분이라고 한다.

55) Radford(2004a: 352)에서 아래와 같이 정의하고 있다. "a constraint on grammatical operations which specifies that the domain/inaccessible to an external probe (i.e. to a c-commanding probe which lies outside the relevant phase)"

외부 탐색자가 침투할 수 없는 이유는 일단 한 국면이 완성되었다면 그 국면은 전이 과정의 단계로 이동하고 이는 음성 표시 할당을 위해 음운부와 적절한 의미 할당을 위해 의미부로 동시에 보내져 접합점에 이르는 단계에서는 더 이상 또 다른 국면의 영역과 관련되는 것은 불가능하기 때문이다.

국면불침투조건에 관하여 다음 예문을 통하여 살펴보자

(8) Will Ruritania withdraw troops from Utopia?[56]

(8)에서 동사 *withdraw*는 동사구 *troops withdraw from Utopia*를 형성하기 위해 보문인 *from Utopia*와 지정어 *troops*와 병합한 다음 동사구는 *Ruritania*를 행위자인 외부논항으로 삼는 사역 경동사와 병합한다. 이 경동사는 동사 *withdraw*가 있는 V안에 있는 본래의 자리로부터 v로 이동하여 위와 같이 유도된다. 이 경동사는 양화사구 *troops*와 일치하고 양화사에 대격을 부여하게 된다. 타동적 경동사구는 한 국면인데 경동사구가 타동적이고 외부논항 *Ruritania*를 지니고 있기 때문에 동사구는 v*P 국면이 되며 이 지점에서 그 국면의 핵인 경동사의 영역 혹은 보문이 됨으로써 음운부와 의미부로 전이될 것이다. 그 결과 더 이상 통사 과정에 관여 할 수 없는 국면 불가침조건이 나타나는 것이다.

수형도에서 볼 수 있는바와 같이 통사 연산은 계속 진행되어 T인 *will*은 vP와 병합되어 T'를 형성하고 T인 *will*은 비해석성이며 인칭

---

56) Radford(2004a: 290, 292)의 인용 예문임.

과 수의 자질을 결정하지 못한다. 그러므로 자신의 자질 삭제를 위해 국부적 목표를 탐색하는 탐색자가 되는 것이다. VP내의∅ *troops*와 ∅ *Ruritania*는 둘 다 이미 접합점으로 이동이 끝났고 국면불가침조건에 의해 탐색자 *will*에 접근이 불가능하다. 그러나 DP ∅ *Ruritania*는 *will*에 접근가능하고 자신의 비해석성 자질로 인해 통사적으로 활성적이다. 그러므로 *will*은 DP ∅ *Ruritania*와 일치하고 주격을 부여한다. 조동사 *will*은 가장 가까이 있는 목표 Spec-TP로 이동하게 하는 확대투사원리(Extended Projection Principle: EPP) 자질을 가진다. 그 결과 DP인 ∅ *Ruritania*가 Spec-v*P의 본래 자리로부터 *will*의 지정어가 될 수 있도록 이동하게 된다. 그 결과로서 TP는 ∅ 의문C와 병합된다. Yes-No 의문문은 Spec-CP에 보문소 *whether*에 상응하는 ∅ 의문요소를 포함하고 있다. 여기서 C는 국면을 이끄는 지정어이므로 *will*이 T에 있는 본래 자리에서 이동하여 CP의 핵인 ∅ C에 부가되도록 유도되고 마지막에서 CP를 도출하게 한다. CP는 국면이며 그 핵은 국면 종결과 함께 문자화되는 것이다. TP는 두 접합점으로 이동되고 그 결과 *will*과 ∅ *Ruritania*는 흔적으로 남게 된다. 이러한 과정에서 국면불가침조건이 적용되지 않는다면 연산은 매우 복잡해질 것이다.

Chomsky는 통사적 구조가 국면에서 강화되며, 국면이 생산되었을 때, 영역/구의 핵 /보어는 음운적 성분과 의미적 성분으로 전이되고, 그 때문에 통사부에서 심화된 조작으로 뚫리지 않게 된다고 주장했다. 또한 언어능력은 제한된 양의 구조만을 자신의 활성기억상태로 유지되기 때문에 탐색자-목표어관계는 '탐색작업을 최소화'하기 위하여 국부적이 되어야하는 것으로, Chomsky는 통사구조가 국면

단위로 구축되어야 한다고 제안한다.

이와 같은 탐색공간의 제한성은 언어도출 과정의 연산의 복잡성의 어려움이 있음을 나타내는 것이며 이러한 복잡성을 해결하기 위해서는 연산의 부담을 최소화시켜야 하고 이를 위해 국면을 사용한 통사 연산과정에서 국면불가침조건이 필요한 것이다.

3.2 국면운용과 정보처리 능력

탐색자와 목표어의 관계를 구성하는 국면이 생산되었을 때, 국부성 원리에 의해 국면은 음운적 성분과 의미적 성분으로 전이될 것이다. 또한 전이가 이루어진 이후엔 통사부에서 심화된 조작으로 되지 않게 된다는 국면불가침의 연산조건이 연산의 복잡성을 줄여주게 된다. 국면단위로 통사구조를 도출하여 통산 연산이 이루어지게 될 때 연산의 부담을 줄일 수 있다면 먼저 이러한 국면이 될 수 있는 구조는 어떤 것이 있는지 살펴보고 이러한 구조들을 처리하는 능력에 대해 알아볼 것이다. 입력된 언어 정보를 기억할 수 있는 능력에는 한계가 있으므로 문장을 표현하는 데는 어려움이 있다. 그러므로 이러한 기억능력의 한계를 극복하기위해서 필요한 정보처리를 위한 기억능력과 이러한 국면구조의 도출의 결과 나타나는 전이와 어순구조의 관계를 살펴보고자한다.

3.2.1 언어정보 처리체계

행동주의 심리학에서 학습의 핵심은 강화와 보상이며 이를 기본으로 하는 교수방법을 이용한 학습을 통해 언어습득을 설명한다. 이는 자연과학적 방법을 사용하여 물리적 자극에 대한 유기체의 물리적 반응이 입력된 정보를 장기기억으로 전환하게 한다는 주장이다. 또한, 1950년대 이후 발전해온 인지 심리학적 관점에서 인간은 정보를 적극적으로 처리하는 정보처리체계라고 설명하고 있다. 인간의 정보처리과정에서 기여하는 인지 심리학적 기억 활동은 입력, 저장, 출력의 과정을 거치며 인간의 기억능력은 일반적으로 기억이 유지되는 기간에 따른 분류로 3개의 유형 즉 감각기억(sensory memory), 단기기억(short-term memory), 장기기억(long-term memory)으로 구분된다고 한다.

국면에 관한 정보는 단기기억의 형태로 처리되는데 세 가지 능력 중 먼저 감각기억은 어떤 대상이 지각된 최초의 순간에 거의 기억된다. 이와 같은 감각영역에서 국면의 정보가 단기기억이라고 하는 감각적 저장 (sensory store)을 수행한다. 감각기억은 단지 수 밀리 초에서 수초까지만 기억을 유지하며, 자극이 감각세포를 거쳐 뇌에 전달하게 되면 인간의 뇌가 이를 해석하면서 생성된다. 이는 기억능력 중 가장 짧은 기간 동안 지속되며 단기기억으로 전환되기 위해서는 학습자의 의도적 집중이 필요하다.

단기기억은 신경 연결의 일시적 변화에 의해 수행되며 수초에서 수분까지 기억하는 특징이 있는데 이러한 기억의 저장은 아주 제한된 용량과 기간만 대개 유지된다. 반면에 어떤 심리학자들은 단기와 장기의 차이는 임의적인 것이며 단순히 단 하나를 저장할 때 다른 수준의 활동을 반영하는 것이라고 주장한다. 예를 들어, 7 자리의 숫자가 주어졌을 때 사람들은 단 몇 초만 기억하고 잊어버리는 것이 단기기억이라면 반면에 전화번호는 그 번호를 자주 사용한다고 가정할 때 수 년 동안 기억할 수 있다. 이렇게 오래 지속되는 기억은 장기기억에 저장된다고 말한다. 단기기억은 기간에 따라 분류한 것이 아닌 목적에 따라 분류한 작업기억과 관련이 있는데 작업기억에서 한 번에 다룰 수 있는 용량은 7개 내외(7 ± 2)라고 한다.[57] 이러한 과정을 통해 국면이 단기기억의 형태로 저장되어 작업 기억능력에 의해 다루어진다는 것을 알 수 있다. 이러한 기억 능력은 처리용량이 매우 한정적이며 이단계의 기억은 30~45초정도 단기간 유지된다. 단기기억으로 전환되기 전 학습자의 선택을 받게 되는 정보는 학습자가 학습한 패턴이나 익숙한 정보가 유리하다. 이렇게 단기 기억으로 넘어온 정보는 조직화와 반복, 의미 있는 내용으로의 과정을 거치게 된다. 즉 입력된 정보 자극은 어휘를 배열, 조직화하는 병합과정을 거쳐 가장 작은 국면 단위의 의미 정보를 생성하여 단기기억의 형태로 입력된다. 이러한 단기기억능력은 정교화(elaboration)과정을 거쳐 단백질 합성에 의존하는 신경구조의 안정적이고 영구적인 변화(more stable and permanent changes in neural structure that are dependent on protein synthesis)에 의해 유지되는 장기기억으로 전환되는 것이다.

---

57) 위키피디아 〈http://en.wikipedia.org/wiki/Memory〉에 따르면, 작업 기억 능력은 단기기억과 동의어가 아닌 어떤 정신적 작업을 위해 필요한 단기저장을 의미하며 단기기억과의 어떤 주의집중하고 있는 제어의 결합이라고 주장하기도 한다. 예를 들면, 45×4를 암산하라고 하면 최종적인 답에 이르기 위해 일련의 간단한 계산을 수행해야 한다. 처음의 명령과 중간 계산결과라고 생각되는 정보를 저장하는 능력을 작업기억이라고 하는 것이다.

인간의 단기기억과 어휘습득은 두 인지과정 모두 덩어리(chunk) 단위로 작용하고 있다는 사실이다. 그러므로 언어정보의 입력과 처리과정 역시 덩어리인 국면 단위로 처리 되어 감각운동 체계와 개념의도 체계에 도달하는 절차로 이루어진다고 설명할 수 있는 것이다. 국면이 단기기억으로 저장되고 작업기억 능력에 의해 활성화 되는 과정에서 단기기억의 구체적인 역할과 특징들을 살펴보도록 하겠다. 기억은 두뇌에 약 500억 개의 뉴런이 거대한 정보 그물과 같은 구조를 이루고 있고 1,000조 개의 시냅스 접합부인 그물의 마디들에 정보가 저장되어 있는 상태를 말한다. 정보가 기억이 되기 위해서 거쳐야 하는 기억처리과정 중에서도 감각 기억을 통해 선택된 어휘부가 단기기억 과정의 단계로 처리되기 이전 학습자에게 익숙하고 반복된 패턴의 정보가 단기 기억으로 전환되기에 유리하다. 이러한 연산이 이루어지는 과정에서 항상 입력된 정보를 처리한 결과를 저장하는 작업 기억 능력에 의해 덩어리 단위인 국면단위로 저장되어 음운체계와 의미체계로 전이되는 것이 효과적 연산이라는 사실을 알 수 있다. 이러한 과정에서 작업 기억 능력은 처리용량에 있어서 한정적이지만 30~45초정도의 단기간 내에 어휘 배열의 조직화와 반복의 병합과정을 거쳐 통사구조의 덩어리인 가장 작은 국면 단위의 정보를 생성하여 단기기억의 형태로 입력시킬 수 있게 한다. 다음 단계로 현재 시점, 실제 정보가 입력된 순간에 작용하는 기억능력인 단기 기억 능력은 정교화 과정을 거쳐 과거의 기억, 현재의 기억을 연결 짓고 이해를 바탕으로 의미해석 과정을 거쳐 기억을 저장하는 장기기억으로 전환되는 것이다.[58] 아울러 장기기억에 저장된 내용이 이미 알고

---

58) 이정모·이재호(1996)의 주장에 따르면 정교화 과정은 주어진 자극에

있는 학습된 내용과 연계된 것이라면 단순한 장기저장 뿐만 아니라 이를 바탕으로 한 새로운 문장 생성까지도 가능하다. 장기기억의 단계로 넘어가는 것은 용량의 문제가 아니라 어떤 방식으로 조직화되었는가가 큰 영향을 준다. 그러므로 장기기억의 단계로 가기 전 정보의 조직화 단계에서 언어정보 내용이 국면의 덩어리로 처리되는 것은 언어 정보를 장기기억으로 활성화하는데 가장 중요한 역할을 하는 요소가 될 수 있는 것이다. 그렇다면 언어 정보에 대한 처리과정을 시간의 순서와 기능의 측면에서 살펴보는 것이 필요하다.

기억능력의 기능면을 살펴보면 주어진 정보의 조직화과정에서 부호화를 위해 국면 단위를 사용하지 않는다면 많은 정보가 감각을 통해 들어오고 대부분 극히 짧은 시간 안에 소멸되는데, 이렇게 유실된 정보 속에 과제 해결에 필요한 정보가 포함되어 있을 경우 많은 정보들을 처리하는 단계의 연산과정에서 정보를 부호화하는 것을 실패하거나 임의적 부호화나 부호화의 오류 등으로 인해 비문을 생성하는 원인이 될 수 있다. 이는 올바른 정보를 덩어리로 조직화하는 것을 실패함으로써 만들어진 단기기억의 부호가 장기기억에 그대로 입력되어서 생길 수 있는 현상이다. 그러므로 두뇌의 기억 구조와 연산과정에서 국면 단위의 중요성과 함께 이를 끊임없이 바르게 조직화하여 전이하는 반복 훈련이 매우 중요함을 알 수 있다. 결과적으로 순

대해 우리가 알고 있는 지식을 동원하여 내용을 첨가하여 살을 붙이고, 가다듬고, 관련 내용을 의미있게 조직화하는 등의 과정 일체를 가리킨다. 자극 요소들 사이의 새로운 의미적 연결 관계를 발견하는 것, 배경에 놓인 함축적 의미를 추론하여 찾는 것, 각종의 기억술을 적용하는 것 등이 정교화 처리에 속한다. 정교화의 결과로 기억이 잘되느냐의 여부는 어떠한 정교화가 이루어졌는가에 달려있다.

간적인 감각기억을 더 오래 지속시키려면 의도적이며 선택적인 주의집중이 필요한 것이다. 또한 효율적 연산을 위한 국면단위의 연산과정은 반복연습을 통해 지속적으로 입력하는 과정에서 단기기억의 기능을 이용한 정보 조직화 방법을 학습자들이 숙지할 수 있게도 할 수 있는 것이다. 나아가 지속적으로 단기기억 능력 활용을 활성화한다면 통사구조의 오류를 줄일 수 있는 결과를 얻을 수 있음을 가정할 수 있다. 그러므로 단 몇 초만 기억하고 잊어버리는 것이 단기기억이라면 국면 단위의 단기기억을 지속적으로 자극하고 회상하는 과정을 활용한 언어습득도 이루어질 수 있음을 설명할 수 있게 된다. 이를 바탕으로 하여 EFL 환경에서 국면을 활용한 단기기억 능력을 활성화한다면 용이하게 영어를 습득하는 것이 가능하다고 볼 수 있는 것이다.

시간의 흐름의 관계에서 기억처리 과정을 살펴보면 언어 정보 인지 처리가 감각기억, 단기기억, 장기기억의 단계를 거치는 과정에서 감각정보 기관은 밖으로부터 오는 새로운 정보를 그대로 짧은 시간 동안 유지해 두다가 자극이 사라진 후 의미 분석은 이루어지지 않으나, 필요한 정보를 선택하여 단기기억에 전달하고 불필요한 정보는 사라지는 과정을 거친다. 이 과정에서 학습자의 흥미를 끌 수 있는 정보나 학습자가 익숙한 패턴으로 되어 있는 정보가 선택되기가 쉽다. 이러한 과정을 통해 단기기억저장 기관에 도착한 선택된 정보들은 부호화되어 형태부호, 음운부호, 이미지부호 형태로 단기 기억단계에 머물게 된다.[59] 일단 기억단계에 들어온 자극 정보는 3초 만에

59) 이정모·이재호(1996)의 설명에 의하면 부호화란 외부에서 들어오는 자극 내용을 정보화하여 기억에 넣는 과정이라고 한다.

50%가 사라지고 18초가 지나면 95%가 기억에 사라지는데, 단기기억에서 망각되지 않고 제대로 부호화 처리가 이루어진 내용은 장기기억으로 넘어가 두뇌에 비교적 영구적으로 저장되며 의식하지 못한 채 지내다가 필요한 경우 그 정보를 불러내면 그 정보는 의식 안으로 들어와 단기기억에 머무르게 된다. 이 과정에서 부호의 단위로서 국면은 이미 장기기억에 저장된 지식과 연관되어 감각운동 체계와 개념의도 체계로 전이된다.

3.2.2 국면 구조

화석화라는 용어는 Selinker(1972)에 의해 처음 사용되면서 30년 이상 다양하게 표현되어 왔다. 'plateau'(e.g. Flynn and O'neil 1988), 'fossilized variations'(Schachter 1996), 'permanent optionality'(Sorace 1996), 'endstate' (Lardiere 1998) 등으로 많은 연구자들은 화석화를 다양하게 표현해왔다(Han 2004a: 214). 특히 Selinker(1972)는 화석화를 중간어(interlanguage) 내에 존재하는 하나의 기제로서 나이와 언어입력의 양과는 무관한 것이며 마지막 단계를 복귀(backsliding)로 정의하고 있다. 화석화의 마지막 단계에 나타나는 복귀에 관한 설명을 위해 먼저 중간어 개념을 먼저 살펴보겠다. Selinker(1972)는 언어습득과정을 설명하면서 중간어란 용어를 제시했는데 목표어를 학습하는 과정에서 학습자들이 제 1언어와 목표어와는 다른 새로운 언어체계를 구축한다는 것이다. Ellis(1997)에 따르면 목표어 습득의 발달과정에서 다음과 같은 전제들을 설명하고 있다.

학습자는 목표어의 이해와 생산의 기초가 되는 추상적인 언어 규칙들의 체계를 구축하며 외부로부터의, 즉 언어입력을 통해서 영향을 받는다. 또한 내부로부터의 영향인 생략을 하거나, 과잉 일반화시키는 오류, 전이의 오류 등이 발생한다. 또한, 학습자의 문법은 과도기적 특성을 갖고 있기 때문에 규칙을 부가하거나, 삭제하면서 전체적으로 규칙을 재구성하며 학습자들은 그들의 문법을 변화시킨다고 한다.

중간어 체계는 동질적이어서 다양성이란 학습자들이 의사소통을 하려고 노력할 때 범하게 되는 실수라고 설명하기도 한다. 일반적으로 학습자들은 중간어를 발달시키기 위해 학습전략을 사용하게 된다. 예를 들면 생략오류는 학습자들이 아직 습득하지 못한 문법적 특징들을 무시함으로써 학습과제를 단순화시키는 현상이다. 과잉일반화나 전이 또한 학습전략을 사용한 것이다. 이러한 과정을 겪으면서 학습자의 문법이 화석화되기 쉬운 것이다.

Selinker(1972)는 학습자의 5% 정도만 모국어 학습자와 같은 수준에 도달하게 되고 대다수의 학습자들은 부족한 상태로 멈추게 된다고 한다. 이 단계를 화석화라고 말할 수 있으며 화석화는 제 1언어 학습에서는 발생하지 않고 제 2언어 문법에서만 나타난다고 한다. Selinker(1972)는 화석화된 학습자들의 언어지식이 극도의 흥분, 불안 상태나 오히려 아주 편안한 상태, 새롭고 어려운 문제를 접했을 때 복귀현상을 나타낸다고 한다. 이는 분명한 오류이며 우연이나 모국어 체계로 복귀하는 것이 아닌 중간어의 체계로 접근하는 것이라고 한다.

Han(2004a)은 화석화 현상이 총체적인 중간어에 영향을 미치는 경우 전체적 학습의 중단으로써 총체적 화석화 (global fossilization)로 분류하였으며 특별한 하위 영역에 영향을 미치는 경우, 예를 들어 특정 구문 혹은 과거시제 표현 등과 같은 세부적이고 부분적으로 화석화가 나타나는 현상을 국부적 화석화로 분류하였다. 산출물(product)과 처리과정(process)의 관점에서 영구적인 발달의 정지 상태와 처리과정의 관점인 발달중지 상태로 도달점을 향해 가고 있는 한 과정으로 화석화 현상을 분류하였다.

화석화를 어떻게 설명하는 것이 옳은가 하는 문제는 화석화에 대한 적절한 실험을 통한 설명은 어떤 것인지에 관한 문제이다. 많은 연구가들은 성인의 중간어에 나타나는 화석화된 구조들을 연구해왔는데 Selinker(1972) 등 많은 연구자들(Long 1990; Sorace 1993; Kellerman 1995; Gregg 1996; Schachter 1996)은 일반적으로 사춘기 이후의 학습자들은 원어민과 같은 수준의 목표 언어습득은 불가능하며 Selinker(1972)가 주장한 5% 정도의 학습자만이 가능할 뿐이라는 비관적인 견해를 주장하고 있다(Han 2004a; 221-222). 반면에 (1999, 2004)과 다른 연구자들은(Bongaerts 1999; Ioup etal. 1994; White and Geness 1996) 이들의 견해는 지나치게 보수적이라고 주장하고 있으며 White & Genesee(1996)는 성인학습자들도 원어민과 같은 능력을 습득하는 것이 가능할 수 있다고 말하고 있다(Han 2004a; 222). 변길자(2006)는 제2언어 습득과정에서 모국어의 역할은 무엇인지에 대해 연구 실험을 통해 매개변인 리세팅에 대한 긍정적인 결과를 보여주었다.

이와 같이 화석화에 대한 개념은 비관적인 측면과 회복 가능성을 찾을 수 있다는 긍정적인 견해들이 조심스럽게 논의되고 있다. 그러나 본서에서는 후자의 가능성에 동의하고 그 증거를 찾기 위한 노력을 하고 있다. 이를 위해 다음에서 영어 어순구조에 대해 구체적으로 살펴보고 가능성을 논의하도록 하겠다.

3.2.3 국면에 의한 문장 구조 생성

일치와 이동과 같은 통사적 도출은 순환적이며 보편문법의 원리들 중의 하나인 국부성 원리 (locality condition)를 준수해야 한다. 이동의 국부성을 결정하는 중요요소는 각 국면의 가장자리이며 국면의 경계에 있는 핵의 보충어가 해석을 위해 음운부와 의미부 접합점으로 전이되는 것이라고 한다. 그러므로 한 예로서 v*P국면의 경우 국면이 형성된 후 VP가 외현화되며 국면불침투조건이 적용되는 것이다.

어순은 문장이해에 영향을 미치는 매우 중요한 요인 중의 하나이다. 그렇다면 이러한 문장들이 어떤 과정을 통해 학습될 수 있는지를 먼저 살펴보는 것이 필요하다. 영어문장의 어순 구조는 논항 술어 구조로 핵전치(Head-first) 구문으로 이루어져 있다. CP라는 한 국면이 완성되면 국면의 종단에서 감각운동 체계와 개념의도 체계로 전이된다. 먼저 문장 도출시 핵전치 구문의 특성을 보여주는 영어문장 도출과정을 살펴보면 주어는 동사의 논항으로 동사구 안에서 생성되어 T가 가지고 있는 EPP 자질의 자극에 의해 TP안의 논항만이 올 수 있는 Spec-TP 자리로 이동한다. 이렇게 도출된 TP구조는 C와 병합하여 CP를 생성하면서 완전한 한 덩어리의 명제로서 감각운동 체계와 개념의도 체계로 전이되는 것이다. 이러한 국면구조의 전이는 유도과정에서 이동과 삭제된 부분들은 음운이나 의미부로 전이되지 않는다. 단지 국면도출의 모든 과정이 끝난 경우 남아 있는 CP의 가장자리에 있는 부분들을 포함한 국면영역이 전이된다. 이러한 영어어순의 형성과정상에서 국면불침투조건은 한 국면 내에 위치한 목표어가 그 상위의 즉 그 국면밖에 위치한 탐색자를 받아들이지 않도록 하여 추가적 통사작용을 막아주게 된다. 그렇다면 국면은 어떤 점에서 EFL 성인학습자들에게 영어 어순구조를 학습하는데 적절한지를 살펴볼 필요가 있다. 민지영 & 이승복(1998)은 영어문법전이와 관련하여 모든 언어학습에 적용될 수 있는 훈련자극의 반복조건이 주어진 상황보다는 표준 규칙 조건이 주어졌을 때 더욱 효과적인 것이라고 주장하고 있다. Reber(1989) 또한 연구를 통해 학습자는 사건의 노출 순서가 반복되면서 확률적으로 나타나는 구조를 암묵적으로 학습하게 되고 그 순서를 예측할 수 있게 된다고 한다. 즉 이 과정에서 지식을 획득하는 자극환경에 노출되고 사용되는 구조체계를 습득하게 되는데 이러한 지식들은 장기 기억에 존재해 인식할 수 있는 것이 아닌 새로운 것이며 이러한 학습과정은 인공적 학습을 기초로 이루어지는 것이다. 이러한 습득의 변화과정들은 반복되면서 시간이 더욱 감소된다. Nissen & Bullemer(1987)는 학습자들은 무작위로 제시되는 사건보다는 구조화된 사건의 순서에 더욱 민감한 반응을 보였다고 한다. 특히 Servan & Anderson(1990)은 학습처리과정들은 덩어리 단위로 이루어지며 문법지식들은 덩어리들의 위계적 연결망을 구조화하여 암호화된다고 주장한다. 이처럼 문법지식들이 덩어리 단위로 학습되고 장기기억에 저장된 내용이 아닌 새로운 내용에 대한 지식들이 습득된다고 한다. 이들의 견해처럼 언어학습은 주어진 환경보다는 표준화된 규칙과 노출의 순서에 따른 반복과 같은 인공적 학습, 구조화된 사건의 순서, 덩어리 단위의 연결망으로 주어질 때 효과적으로 이루어진다고 요약해볼 수 있는 것이다. 그렇다면 이러한 특성과 관련하여 국면의 특성을 비교해보면 국면은 국부성의 원리와 국면불침투조건에 의해 규칙화 되어 있으며 국면의 내용 역시 병합의 단계를 거쳐 덩어리 단위의 국면을 형성하는 위계적 연결망의 형태로 운용되고 있다고 볼 수 있다. 그러므로 이러한 내용들이 국면을 활용한 영어학습의 가능성에 대한 설명을 뒷받침해주고 있다. 또한 표층구조는 다른 즉, 학습자들의 모국어와 영어의 어순구조가 다르다고 해도 국면을 구성하는 규칙을 숙지하게 하여 내용을 구조화하여 덩어리로 만들어내는 의도적인 훈련을 한다면 모국어가 아닌 영어를 학습하는 성인학습자들도 국면구성 규칙을 사용하여 영어어순구조를 생성시킬 수 있게 된다고 가정할 수 있다.

4

국면의 운용

4.1 국면과 자질일치

Chomsky(2001)에 의하면, 접합점에서 완전히 해석될 수 있는 완전해석원리를 준수하기 위해 제한된 영역인 국면(국면의 핵의 성분통어(C-Command) 내)에서 이루어지는 탐침(Probe)과 목표(Goal)의 일치를 고찰해 본다. 다음으로, 일치의 통사작용을 통해서 삭제되지 못한 요소들은 EPP-자질에 의해 국면의 핵-자리나 지정어-자리로 순환적 이동을 보여 국면의 순환성을 설명한다.[60]

4.1.1 연산체계와 일치운용

Chomsky(2000)의 최소주의 이론은 이동, 병합, 일치라는 주요 연산체계(Computational system: C_{HL})들 중에 인간언어의 본질적 특성을 일치에 둔다. 일치는 언어가 문자화(Spell-Out)[61]되기 위해 수행 체계와 연결된 접합점에서 부과하는 해석 조건을 충족하기 위한 연산작용이며 이것은 어휘의 자질들 사이에서 탐침과-목표어(Probe-Goal)의 관계를 설정함을 보이고 최소주의 이전의 자질 점검 (feature-cheacking) 이론을 일치(agreement)로 수정함으로써 국면단위로 문자화됨을 설명한다.[62] 이러한 도출적 가정은 연산의

---

60) Chomsky(1999)에 의하면 언어는 자질이 결합되어있는 어휘(Lexicon: LEX)의 형태로 연산체계 운용(이동, 병합, 일치)을 거쳐 접합점에서 합치되어 하나의 독자적인 도출를 생성한다. 이러한 도출은 연산의 복잡성을 극복하기 위해 국면의 단위로 연속 순환적으로 진행되어진다.

61) Chomsky(2004)에서 음운의 접합면으로 전이되는 것을 문자화라고 한다. 전이(transfer)된 통사체를 국면(Phase)이라고 하면 국면이 PF로 전이되어 문자화(spell-out)되어진다. 국면이 완성되면 PF와 함께 LF로도 전이된다. 한번 전이된 요소는 다시 연산에 참여할 수가 없기 때문에 문자화 이전에 비해석성 자질들을 완전히 삭제하여야 한다. 따라서 문자화 영역 (spell-out domain)을 국면으로 볼 수 있으며, 문자화 이전에 모든 자질들이 값(value)을 가지기 위하여 비해석성 자질은 자신의 자질을 삭제할 수 있는 목표를 탐색한다. 문자화의 영역은 탐침의 탐색의 영역으로 볼 수 있다.

62) Chomsky(1999, 2004)에 의하면, 언어는 내적체계에서 국면단위로 외적체계에 의해 해석되어 순환 생성되는 절차를 거친다. 언어능력은 외적 조건을 충족시킬 수 있도록 최적의 상태로 설계되어 있음에 틀림

효율성과 언어능력의 완벽성으로 설명될 수 있다.

Chomsky(1995, 2001, 2004)는 언어를 관장하는 부분을 언어능력(Faculty of Language: FL)이라 한다. 따라서 언어능력은 이러한 언어능력만 포함한 협소의 통사부 (Narrow Syntax)와 언어능력과 수행하는 체계까지 포함한 부분은 광의의 통사부 (Broad Syntax)로 나뉜다.[63] 이 두 다른 층위를 거쳐 최종적인 개별언어 L이 도출되기 위해 연산은 접합점에서 해석 가능하도록 이루어져 야한다. PF와 LF의 각각의 접합점에서 부여하는 조건을 만족 시키면 개별언어 L이 도출된다.

Chomsky(2005)에 의하면 이와 같은 언어능력의 구조는 가장 최적절히 설계되어 있는 것이라고 주장한다.[64] 그것은 언어의 경제성과

없다는 최소주의를 주장한다. 외적조건이란 언어능력의 외적체계(External System)에 합치(Converge)되기 위한 접합점에서 부과하는 조건이다. 접합점에서 해석 가능한 요소들은 값을 가지게 된다. 값을 가지기 위해서는 해석 가능한 요소로 이루어져 있어야 하며 완전 해석되지 않을 경우 파탄에 이른다. 따라서 언어능력은 접합점 조건에서 해석 가능한 형태로 언어를 연산 처리하는 능력이다.

63) Chomsky(1994)에서 언어경험을 통해 개별언어의 어휘부와 연산체계를 거치는 내적체계인 협소의 통사부 (Narrow Syntax)에서 도출된 언어는 외적체계인 광의의 통사부 (Broad Syntax)로의 소리를 조음하고 인지하는 감각운동체계(Sensory Motor System) PF와 청자에게 보내는 메시지의 의미를 구성하고 인지한 메시지의 의미를 파악하는 사고체계(Though System)인 LF로 나누어져 보내진다.

64) Richard(2006)에서 Chomsky(2005)를 다음과 같이 언급하고 있다:

"Chomsky(2005) has ceased invoking subarrays, focusing instead on the central role of the phase head itself as the locus of uninterpretable inflectional features(uF) and the 'engine' of the derivation. In deciding between these two alternatives, the

접합점 조건에 대한 가장 최적절한 해결책으로 볼 수 있다. 따라서 모든 연산은 언어의 경제성과 접합점 조건을 만족시키기 위해 운용된다. 최소주의에서 언어의 문법적 운용은 어휘항목의 최소단위인 자질들의 운용으로 본다. 연산과정은 바로 이러한 자질들의 운용이다.

Chomsky(1995, 1999) 언어는 접합점 층위에서 이러한 자질들이 해독가능하면 합치(Converge)된다고 주장한다. 접함점 조건에서 해독이 불가능한 자질이 포함되어 있으면 그 도출은 파탄된다. 언어의 자질들이 언어능력의 연산체계를 통해 접합점 조건에서 해석가능한 자질만을 포함하는 것이 도출의 조건이다. 이것은 접합접 층위에서 요구하는 접합점 조건이다.

최소주의의 기본 가정은 이러한 도출이 최소한의 노력으로 이루어진다는 것이다. 이것은 언어의 경제성으로 대변될 수 있으며 연산체계인 이동(Move), 병합(Merge), 일치(Agree)에는 통사운용의 이유가 존재함을 의미한다.[65]

Chomsky(1999)에서 연산체계에 중에서도 인간의 언어의 특질(property of language)은 일치이다. 왜냐하면 일치에 의한 이동과 병합 작용들에 의해 접합점에서 해석 불가능한 비해석성 자질(uninterpretable feature; uF)들이 삭제(delete)되기 때문이다. 연산체계는 다음 (9)와 같다.

---

latter approach would seem to conform better to the SMT, yielding a simpler."

65) Chomsky(1999)가 주장하는 이동이 적용되려면 도출표현에 그 효과가 있어야만 한다. 즉, 외현적 이동 (Overt Movement)은 PF상의 효과를 의미하고 내현적 이동 (Covert Movement)은 LF상의 효과를 가져와야만 한다.

(9) 연산절차

a. 병합(Merge)

두 개의 통사체(Syntactic Object) α와 β가 결합하여 새로운통사체 K(α, β)를 형성한다.

b. 일치(Agree)

일정한 영역(Domain) 내에서 어휘항목 α와 자질 F(Feature)간의 관계를 설정한다.

c. 이동(Move): 병합(Merge)+일치(Agree)

어휘항목 α와 자질 F가 일치하고 F가 포함된 명사구 P(F)가 α가 핵인 투사범주 αP에 병합된다. 즉, [Spec, α]로 자리 이동한다.

(9)에서 가장 기본적인 연산체계는 병합이다. 기본적으로 모든 체계는 병합이 이루어져야함을 볼 수 있다. 그에 반해 이동은 가장 복잡하고 비용이 많이 드는 운용으로 보인다. 이동은 병합과 일치를 모두 동반해야 하기 때문에 병합이나 일치로 비해석성 자질의 제거가 불가능할 경우에만 선택되는 최후의 수단으로 가정한다.

연산체계를 (9)와 같이 정리하면 세 가지 연산체계 중 비해석성 자질을 제거하는 연산체계는 일치라는 것을 알 수 있다. 따라서 접합점에서 요구하는 조건을 만족시키기 위해서는 일치작용을 문장을 통해 나타내면 아래 (10)-(12)와 같다.

(10) She loves dogs.

(11) She will love dogs.

(12) Does she love dogs?

(10)에서 실질적으로 어휘 항목은 명사 *she*, *dogs* 그리고 동사 *love*로 이루어져 있다. 기능적으로 볼 때, 평서문을 만든 즉 문장의 효력(force)인 C와 현재 시제인 T 그리고 경동사(light verb) υ가 있다. (11)에서 동사 *loves*는 *dogs*가 아닌 *she*와 일치하고 있는 것으로 보인다. 하지만 (11)에서 조동사(Auxiliary) *will*이 병합되자 일치가 일어나지 않는 것처럼 보인다. 하지만 (12)에서 조동사 *does*가 명사 *she*와 일치하는것으로 보아서 T-N이 일치하는 것으로 보인다. Chomsky(2001)에서 일치는 기능범주(Funtional Category)의 핵(C, T, υ)과 실질명사(substantial noun) 사이에서 일어난다고 주장한다.

최소주의에서는 일치뿐 아니라 그 외 연산체계인 이동, 병합도 기능범주의 핵과 깊은 관련이 있는 것으로 본다. 구체적으로, C는 자신의 보충어 TP에게, T는 자신의 보충어 υP에게 의미정보와 통사적 운용의 원인을 제공한다. (20)-(22)의 문장은 모든 연산체계에 의한 통사적 운용은 어휘의 최소단위인 자질에 의해 이루어진다.

4.1.2 일치조건과 비해석성 자질들

자질은 어휘가 가지고 있는 해석성 자질 (Interpretable Feature; IF)과 (9a)의 병합에 의한 새로운 통사체 K가 통사 구조 속에서 갖는 비해석성 자질로 나뉜다. Chomsky(1999, 2001)는 이러한 비해석성 자질들이 외견상 불필요한 것처럼 보이지만, 자연언어(Natural Language)에 나타나는 필수적인 요소라고 주장한다. 이러한 외견상 불완전성 (Apparent Imperfection)은 이동을 유발하는 요인으로써 다양하고 끊임없는 문장을 만들 수 있는 필수 불가결한 요소라는 것이다.[66] 이동은 자질일치에 의해서 일어나는 요소로 볼 수 있으며 통사구조에서 만족되어야 하는 모든 자질은 독립적인 자질이 아닌 어휘범주가 가지는 비해석성 자질로서 해석된다.

자질일치에 의한 도출을 가정하면 그 동안 독립적으로 가정해 왔던 EPP-자질과 격점검 원리도 어휘항목에 부여된 비해석성 자질로서 해석할 수 있다. EPP와 격의 개념이 자질로 대체됨으로 EPP 원리와 격점검 원리가 접합점 층위의 해석을 위해 요구되는 조건으로서 통합되어 최소주의 정신에 부합한다.

일치는 접합점에서 부가된 조건을 만족시키기 위해서 어휘 항목이 지니고 있는 비해석성 자질을 삭제하는 작용이다. 일치는 기본적으로 어떤 제한된 탐색 공간 (Search Space) 내에 있는 해당 자질 F와 일치를 형성한다. Chomsky(2001)에서 일치는 어휘 항목 LI α가 값(value)이 결정되어 있지 않은 자질을 내포하고 있다. 값이 결정되어 있는 않은 자질들은 접합점 층위에서 해석될 수가 없다. 접합점 층위에서 비해석성 자질임으로 이것은 협소의 통사부 내에서 제거되어야 함으로 α의 비해석성 자질은 탐침 또는 탐색자 P가 되어 자신과 화합하는 자질을 찾게 되는데 이것을 목표 G라고 한다.[67]

---

66) Chomsky(1998)에 의하면 이동과 비해석성 자질이 협력하여 표층 해석 (Surface Interpretation)을 위한 필수출력조건을 만족시키고 있다. 그 결과로 전위 특성을 만들어내는 도구로서 비해석성 자질이 사용됨을 입증한 셈이다. 이로 인해 비해석성자질이 외견상으로만 불완전 한 것일 뿐 언어 도출을 위해 필수불가결한 요소이다. 따라서 불필요한 요소가 없는 언어의 경제성과 완벽성을 설명할 수 있다.

67) 탐침과 목표어의 관계: Chomsky(2001, 2004) 국면의 순환단위에서 일치 관계를 말한다. 일치는 동일 파이자질(φ-feature) 상의 합치를 말하며, 해당 국면에 내포되는 기능범주(functional category)와 명사적

Chomsky(2000)는 탐침자와 목표에서 일치 관계의 정의는 다음의 (13)과 같다.

(13) 탐침자-목표 일치[68)]

어휘 항목 LI의 비해석성 자질 α는 탐침 또는 탐색자 P가 되어 자신과 화합하는 자질 목표 G를 찾아서 일치한다.

(14) 일치조건[69)]

범주(nominal category) 사이에서 야기된다. 이 때 일치에 참여하는 기능범주는 비해석성(uninterpretable)의 φ-자질을 가지므로 자질점검을 받기위해 그의 성분통어영역(C-Command domain) 내에서 해석성(Interpretable)의 φ-자질을 갖는 명사적 범주를 탐색하여 그와 일치를 이루어야 한다. 이러한 관점에서 기능범주를 '탐침자(Probe)'라 하고 그와 일치를 이루는 명사적 범주를 '목표(Goal)'라 한다.

68) Chomsky(2000)에서는 자질연쇄와 격점검에 의한 이동이 없다는 가정을 기본으로 삼고 있다. 이전의 자질점검과 같은 기능을 하는 일치는 탐침과 목표가 관계를 이루는 것을 의미한다.

AGREE (Chomsky 2000, 2001)

AGREE (α, β), where α is a probe P and β is a matching goal G, '>' is a c-command relation and uninterpretable features of α and β are valued

69) Chomsky(2000)에서 탐침-목표의 일치는 기능범주의 핵에 의해 성분통어되는 실사범주의 투사가 선택되어 일치한다. 성분통어되는 실사범주의 투사가 둘 이상일 경우 경제성에 입각해 가장 가까운 목표가 선택된다.

Conditions on AGREE (cf. Chomsky 2000: 122):

a. Matching is feature identity.

b. D(P) (Probe domain) is the sister of P.

c. Locality reduces to 'closest c-command'.

탐침의 자질이 포함된 어휘항목에 의해 목표어의 자질이 포함된 어휘항목이 통사 구조에서 서로 성분통어해야 한다.

a. 탐침과 목표과 화합해야 한다.
b. 목표는 탐침의 핵 영역 안에 있어야 한다.
c. 탐침은 가장 가깝게 성분통어하는 목표와 일치한다.
d. 비해석성 자질을 가지고 있어야 일치에 활성적이다.

모든 자질들이 일치를 이룰 수 있는 것이 아니라 (14a)에서 탐침과 목표는 화합(Matching)되어야 한다. 이러한 조화의 조건은 (14b)이다. 탐침과 목표어는 제한된 탐색 공간(영역) 내에 탐침의 핵이 성분통어할 수 있어야 한다. (14c)에서 제한된 공간이란 탐침의 자질이 포함된 어휘항목에 의해 목표어의 자질이 포함된 어휘항목이 통사 구조에서 서로 성분통어하는 영역이다. (14d)에서 제한된 영역 속에 탐침 P와 목표어 G가 있게 되면 G를 내포하는 요소(구: phrase) β도 비해석성 자질 (예를 들어, 명사 N의 격 자질 Case)을 함께 내포하고 있어야 한다. P와 G가 화합하면 모든 비해석성 자질들(즉, P와 G)의 값이 매겨지면서 삭제된다.

4.2 일치와 국면순환이동

통사적으로 볼 때, 일치는 격을 점검하기 위해 T의 지정어 자리로 이동해서 이루지지 않고 제자리에서 이루어진다. 따라서 격을 점검받기 위한 이동은 최소주의의 일치 이론에서는 설명될 수 없다.

---

d. P and G must be active (they must have uninterpretable feature(s)

Chomsky(1999, 2001)의 비해석성 EPP-자질에 의한 순환적 이동을 살펴보고 EPP-자질이 이동 유인없이 삭제되어 국면의 순환이동이 멈추는 허사구문을 고찰해 보자.

4.2.1 EPP-자질과 연속순환이동

Chomsky(1999)는 EPP를 자질로 보고 T가 자신의 지정어 자리에 D-자질[70]로 채워야 하는 선택자질이며 이동의 유인자는 EPP-자질로 볼 수 있다. 최소주의 일치이론에서는 EPP-자질에 의해 내재논항이 T의 지정어 자리로 이동한다. EPP-자질이 비해석성 자질로서 일치자질임으로 이동의 탐침과 목표의 관계에서 설명가능하지만 EPP-자질 자체의 속성이 T의 지정어 자리가 반드시 채워져야 한다는 점에서 이론적 발전은 없어 보인다. 다음 (15)의 비대격 구문의 도출과정에서 관련 논항이 T의 지정어 자리에 이동하여 EPP-자질이 삭제되었다.

(15) a. he was arreste

b. [T be] arrested he.
[uP uN PstT EPP] [3P SIN uC]

---

[70] Chomsky (1995)에서는 영어에서 보이는 주어의 의무성(EPP 현상)을 시제소의 강 D-자질점검으로 설명하고 있다. 그는, 영어의 허사 there 구문을 예로 들어, 허사 *there*는 시제소의 강 D-자질만을 점검하며, 시제(Tense)의 주격자질은 후치 명사구와 점검된다고 제안한다. Chomsky(1995)는 EPP 자질로 설정한 시제소의 D-자질이 구체적으로 어떠한 형태자질인지 언급하지 않고 있다.

(15a)의 문장이 도출되기 이전에 (15b)와 같은 구조를 갖는다. 동사 *arrest*는 내재논항만 가지는 비대격 동사임으로 자신의 보충어로 *he*를 병합한다. T의 비해석성 [*uP uN*]이 탐침이 되어 [*uC*]에 의해 활성화된 NP가 목표가 된다.

(16) [T be] arrested he.
[3P SIN PstT EPP] [3P SIN NomC]

일치로 인해 (16)에서처럼 자질의 값이 부여된다. [T be]는 비해석성 완전 φ-자질과 EPP-자질을 가지고 있고 NP *he*는 완전 해석성 φ-자질과 비해석성 격자질을 가지고 있어 일치한다. 격자질은 [T be]로부터 주격을 부여 받는다. 또한 [T be]도 NP *he*의 완전 해석성 φ-자질의 값을 (17)와 같이 복사한다.

(17) he_i [T be] arrested t_i.
[3P SIN ~~NomC~~] [~~3P SIN~~ PstT ~~EPP~~]

D-범주로 채워지는 EPP 조건은 자질 중심의 문법이론으로 발전한 Chomsky(1999, 2001, 2005)에서 EPP-자질은 T의 지정어 자리가 인칭-자질로 채워지는 것으로 상정한다. 따라서 (17)에서 T의 EPP-자질은 [3P]을 가진 *he*의 이동을 통해 충족될 수 있다.

NP he가 T의 지정어 자리로 이동함으로써 T의 EPP-자질이 삭제되고 NP he의 흔적(trace: *t*)이 문자화되면서 삭제된다. Chomsky(1999)에서 (18)의 시제가 없는 T to는 φ-자질 중에서 인칭 자질만 가지고 있으나 EPP-자질은 가진다. 따라서 EPP-자질 삭제를 위해 연속순환이동(Successive Cycilc Movement)이 일어남을 설명할 수 있다.

(18) a. Several prizes are likely to be awarded.

b. [T to] be awarded [several prizes].
[uP EPP] [3P Plu uC]

c. [T to] be awarded [several prizes].
[3P EPP] [3P Plu uC]

(18a)는 Chomsky(1999)에서 제시된 인상구문이다. 도출의 첫 단계에서 V *awarded*와 N *several prizes*가 병합되어 VP를 이루고 T와 병합하여 TP를 만든다. T의 지정어 자리에 *to*가 위치함으로 T는 비해석성 인칭자질만을 가진다. 따라서 (18b)에서 T의 [*uP*]에 의해 활성화되어 가장 가깝게 성분통어할 수 있는 활성화된 목표 QP *several prizes*를 찾는다. 하지만 [T to]는 완전한 φ-자질을 가지고 있지 않아서 격자질 삭제조건이 만족되지 못함으로 QP *several prizes*의 비해석성 격자질을 삭제할 수 없다. 다만 완전 해석성 φ-자질을 가진 QP *several prizes*에 의해서 자신의 비해석성 자질 [uP]만 삭제되어 (18c)가 도출된다. 하지만 여전히 T에 비해석성 EPP-자질이 남아 있는 (18)에서 QP *several prizes*가 T의 지정어 자리로 이동함으로써 T의 EPP-자질이 삭제되어 (19)과 같이 도출된다.

(19) a. [several prizesi] [T to] be awarded t.i
[3P PlN uC] [3P EPP]

b. [T be] likey [several prizesi] [T to] be awarded t_i.
[uP uN prT EPP] [3P PlN uC] [3P EPP]

(19a)에 인상형용사 *like*와 병합해서 AP 구조를 만들고 다시 T *be*가 병합되면 상위절 (19b)가 도출된다. 상위절 T의 비해석성 자질 [uP uN EPP]에 의해 활성화되어 자신과 가장 가깝게 성분통어하는 활성화된 목표 QP *several prizes*를 탐색한다. T의 비해석성 φ-자질은 완전하기 때문에 (20)에서 자질의 값을 복사하고 삭제할 수 있다.

(20) a. [T be] likey [several $prizes_i$] [T to] be awarded t_i.
[3P PlN prT EPP] [3P PlN NomC] [3P EPP]

b. [several $prizes_i$] [T be] likey [T to] be awarded t_i.
[3P PlN ~~NomC~~] [~~3P PlN~~ prT ~~EPP~~] [~~3P EPP~~]

(20)에서 QP *several prizes*의 비해석성 격자질을 QP *several prizes*로부터 φ-자질의 값을 부여받아 삭제한다. T의 비해석성 EPP-자질은 자질의 복사가 아니라 삭제가 이루어져야 함으로 목표 QP *several prizes*가 자신의 T의 지정어 자리로 이동하여 삭제된다. 도출을 통해 모든 비해석성 자질이 삭제되어 접합점에서 합치가능한 도출이 완성되었다. 모든 비해석성 자질들이 자질을 복사에 값을 부여받았음으로 PF에서 합치되고 또한 모든 비해석성 자질들이 삭제되었기 때문에 LF에서 합치가 이루어져 이 도출은 파탄되지 않는다.

문장의 도출을 통해 EPP-자질 삭제를 위한 이동이 일어나며 이러한 이동은 국면 순환적으로 이동한다는 사실을 확인할 수 있다.

Chomsky (1999, 2000)의 국면 순환이동의 타당성은 인상구문에서 (21)과 같이 주어가 인상되지 못하는 경우를 통해 증명될 수 있다.

(21) *Several prizes is likely [were awarded].

(22) It is likely [several prizes were awarded].

(21)의 문장에서, (22)와 같이 인상 형용사 *likely*가 존재할 때 QP *several prizes*가 주어자리로 인상되면 도출은 파탄되고 허사 *it*이 위치하여 관련 논항의 인상이 일어나지 않으면, 그 도출은 합법적이다. (21)과 (22) 모두 T가 보충어로 하위절을 가지지만, (22)는 T가 시제 절임으로 (23)에서 완전 비해석성 φ-자질을 가진다.

(23) [T be] awarded [several prizes]
[uN uP EPP PrT] [3P PlN uC]

(24) [several prizes$_i$] [T were] awarded t_i
[3P PlN ~~NomC~~] [~~3P PlN EPP~~ prT]

(23)에서 [T, be]의 비해석성 완전 φ-자질이 탐침으로 활성화된 목표 QP *several prizes*의 [uC]를 삭제하고 완전 φ-자질을 복사해서 [3P Plu EPP PrT] 값을 부여받고, 부여받은 값은 [3P Plu EPP PrT]으로 삭제된다. (24)에서 가장 가까운 목표어 QP *several prizes*가 T의 지정어 자리로 이동하여 EPP-자질을 삭제한다. QP *several prizes*의 이동을 통해 TP구조가 만들어지면 CP[ø]와 병합한다. CP는 다시 *likely*와 병합하여 AP 구조가 되고 다시 T와 병합

하여 (25)의 상위절을 만든다.

(25) [T be] likely   ø   [several prizes$_i$]   [T were] awarded t_i
[uN uP EPP PrT]   [3P PlN NomC]   [3P PlN EPP prT]

(25)에서 하위절 주어 QP *several prizes*가 상위절로 이동하기 위해서는 T가 탐침자가 되어 QP *several prizes*를 목표어로 선택하여야 한다. 하지만 QP *several prizes*는 주격을 받아서 더 이상 일치에 활성화될 수 없다. Chomsky(1999) 일치조건에 따르면 이미 값을 부여받아서 하위 국면에서 삭제되었기 때문에 더 이상 일치 관계에 참여할 수가 없게 된다. 따라서 상위절 T는 비해석성 자질을 가지고 있어 일치에 활성화되어 있지만 활성화되어있는 목표어를 가지지 못한다. 일치를 통한 자질삭제가 불가능하기 때문에 (25)의 도출은 파탄 된다. 또한 (25)의 인상구문은 관련 논항이 주어자리로 이동할 수 없지만 (26)의 ECM 구문에서는 가능한 이유를 일치를 통해 설명 가능하다.

(26) We expect several prizes to be awarded.

(26)에서 상위절 *expect*는 하위절 VP와 병합하여 υ*P를 형성하였다. 하위절 VP의 자질들의 일치와 [T to]의 EPP-자질 삭제를 위한 관련 논항의 이동은 앞의 (26)과 같은 과정이다. 타동사의 경동사구는 비해석성 완전 φ-자질을 가지고 있음으로 (27)와 같이 어휘항목과 자질들로 나타낼 수 있다.

(27) we [υ ø] expect [several prizes$_i$] [Tto] be awarded t$_i$.
[uP uN] [3P PlN uC] [3P EPP]

(28) we [υ ø] expect [several prizes$_i$] [Tto] be awarded t$_i$.
[~~3P~~ PlN] [3P PlN ~~NomC~~] [~~3P EPP~~]

(27)에서 하위 절에서 [T to]의 비해석성 자질과 QP *several prizes*가 일치해서 [T to]의 비해석성 자질은 삭제되고 QP *several prizes*은 하위절의 주어자리로 이동하여 하위절 T의 EPP-자질은 삭제되었다. 상위절의 T의 EPP-자질은 *we가* 지정어 자리에 병합되어 삭제되었다. [υ ø]의 비해석성 자질은 QP *several prizes*와 일치하고 완전 비해석성 φ-자질을 가지고 있음으로 (28)와 같이 자질을 복사, 삭제할 수 있다. 또한 QP *several prizes*의 일치 활성화 자질인 비해석성 격자질을 삭제할 수 있다. (28)에서 어휘항목은 비해석성 자질들이 모두 삭제되었기 때문에 도출이 이루어진다.

4.2.2 병합우선원리와 경제성

Chomsky(2001)에서 EPP-자질은 핵심 기능범주인 보문소 C, 시제소 T와 경동사 υ가 보유할 수 있으며, 특히 시제소 T와 경동사 υ는 비해석성 φ-자질을 반드시 포함한다고 주장한다. 따라서 모든 기능 핵(C, T, υ)은 비해석성 자질을 점검 및 삭제하기 위해 지정어 위치에 무엇인가가 채워져야 하고 이러한 기능 핵의 비해석성 선택자질을 EPP-자질이라고 주장한다.

Chomsky(2001)에서 정형 T의 EPP-자질은 독립적인 별도의 자질이 아니며, EPP는 T의 지정어 자리에 인칭자질을 요구하는 일종의 선택 자질 (selectional feature)로 보아야 한다고 설명한다. 그 요구에 대한 충족은 내부로부터 인칭자질을 가진 명사적 요소를 이동하거나 어휘부 어휘 배열 (Lexical Array: LA)로부터 직접 선택하여 충족시킬 수도 있다고 설명한다. EPP-자질은 병합에 의해 삭제될 수 있다. 일치에서 T의 비해석성 φ-자질과 EPP-자질의 삭제를 위해 허사 *it*이 병합되었다.

(29) It is raining on the way.

(29)에서 Chomsky(1999)의 EPP-자질은 인칭자질로 채워져야 하는 선택자질이라고 가정할 때, 허사 *it*은 일반적으로 (29)과 같이 비인칭 주어이다. 의미적으로는 φ-자질을 가지지 않는 것 같다. Chomsky(2001)은 일반적으로 φ-자질을 가지고 있는 않는 것처럼 보이는 허사 *it*의 값을 정해지지 않은(dafult) 해석성 φ-자질로 상정한다. 허사 *it* 값이 정해지지 않은 3인칭, 단수 자질을 통사구조 관계에서만 가진다고 주장한다.

(29)에서 시제 T는 삭제되어야 하는 비해석성 φ-자질과 EPP-자질을 가지지만 성분통어하는 목표가 없다. 따라서 (30)에서 허사 *it*이 병합되었다.

(30) [T be] raining on the way
[*uP uN* prT *EPP*]

(31)　[It]　　　　[T be]　raining on the way
　　[3p SgN *uC*] [*uP* *uN* prT *EPP*]

(30)에 값이 정해지지 않은 해석성 φ-자질을 가진 허사 *it*이 병합되어 (31)과 같이 TP가 만들어지면 허사 *it*의 φ-자질은 값이 정해지지 않았기 때문에 T의 목표가 된다. 또한 병합과 동시에 값이 정해지지 않은 해석성 φ-자질이 3인칭 자질과 단수자질을 가진다. 부여받은 값은 (32)에서 삭제된다.

(32)　[It]　　　　[T be]　raining
　　[~~3p SgN Nom~~]　[~~3p SgN~~ prT ~~*EPP*~~]

허사 *it*은 [T be]의 완전 비해석성 φ-자질에 의해서 값을 가지고, (32)에서 일치 활성화 자질인 허사 *it*의 φ-자질과 [T be]의 φ-자질이 한꺼번에 삭제되어진다. 따라서 LF에서 허사 *it*의 φ-자질은 비가시적임으로 아무런 의미를 가지지 않는 것처럼 해석되지만 PF에서는 남아있게 되어 문자화된다.

Chomsky(1999)에서 EPP-자질은 이동과 병합 둘 중 하나에 의해서 삭제되어 질 수 있다는 것을 의미한다. Chomsky(1999)는 이동은 병합보다 훨씬 복잡한 작용이라고 주장한다. 이동은 일치-동반이동-병합의 과정[71]이기 때문에 병합보다 경제적인 면에서 훨

---

[71] Chomsky(2000, 2004) 이동은 일치(agree)와 동반이동(pied- piping)과 병합(merge)를 수반하는 연합작용으로 본다. 따라서 다음과 같은 과정이 이루어 진다.

Chomsky(2000: 135)

(ⅰ) A probe P in the label L of α locates the closest matching

씬 많이 비용이 들어간다고 설명한다. 또한 Chomsky(2001)는 Pestsky(1989)의 주장을 받아들여 일치하는 탐침과 목표의 비해석성 자질은 국면 내에서 최대한으로 가능한 만큼 가능한 빠르게 이루어진다고 주장한다. 따라서 병합과 자질의 일치는 순서 없이 동시에 가능한 빨리 적용되는 조기원리가 적용된다고 가정할 수 있다.

(33) 조기원리(Earliness Principle)[72]

탐침과 목표가 부합되고 활성적일 경우, 비해석성 자질은 가능한 완전히 그리고 즉시 삭제되어야 한다. 탐침이 EPP-자질을 가지고 있어 이동을 요구하면 이동은 즉시 일어난다.

(33)의 조기원리에 따라 탐침의 비해석성 자질을 가능한 많이 빨리 삭제하기 위해 탐침이 한 개의 자질과 부합하면 그 나머지 자질들은 자유롭게 자신의 목표를 찾을 수 있다. 최소주의에서 Chomsky(2000) 국면의 범위를 하위 어휘 배열(Lexical Subarray)범주의 개념의 국면이다. 따라서 조기원리에 의해 EPP-자질이 즉시 삭제되도록 설명하기 위해서 병합과 이동에 관한 제약 조건을 가정한다.

G in its domain

(ii) A feature G' of the label containing G selects a phrase β as a condidate for 'pied-piping'

(iii) β is merged to a category K

72) Pesetsky(1989), Chomsky(2001)는 통사 작용을 빨리 수행한다는 조기원리(Earliness Principle)를 주장한다. 탐침과 목표의 관계에 조기원리를 적용하면 탐침과 목표가 일치 즉시 삭제되며 EPP-자질이 이동을 요구하면 일치 후 이동 혹은 이동 후 일치가 아니라 일시에 일어나는 것을 의미한다.

경제성제약 조건 (Derivation of Economic Constraint)으로 병합 우선원리(Merge over Move)를 상정한다. 인상구문에서 EPP 조건 삭제할 수 있는 이동과 병합 중에 이동이 선택되는 이유는 하위 어휘배열에서 [Several prizes] [likely] [awarded]이기 때문에 EPP를 삭제할 수 있는 다른 요소를 가지고 있지 않아서 이동이 유발된 것이다. 하위 어휘배열에 EPP-자질을 삭제할 수 있는 다른 요소를 가지고 있다면, 경제성의 원리를 기본 가정으로 하는 최소주의 문법이론에서 이동보다는 병합이 우선시되는 것으로 가정한다.

4.2.3 EPP-자질삭제

EPP-자질 삭제를 주장한 학자[73)]들 가운데 Bošković(2002)은 EPP-자질에 의해 국면의 순환이동이 유발되는 것이 아니라 격점검을 위한 순환적 이동에서 EPP가 자연 발생적으로 생겨난 것이라고 주장한다. EPP-자질은 반드시 삭제되어야 하는 비해석성 자질이 아님을 가정할 수 있다.

(34) Whati do you think [t_i that Mary bought t_i]?

(35) You think [that Mary bought a car].

(34)가 (35)처럼 CP의 지정어에 채워지지 않음을 들어 EPP가 순

73) EPP-자질을 삭제는 Epstein and Seely 2002, Castillo, Drury, and Grohman 1999, Martin 1996, Boeckx 2000, Bošković 2002에서 주장한다.

환적 이동의 원인이 아니라고 주장한다. 피유인자가 할당받아야 하는 격자질을 격유인자가 점검해야하는 자질[74]로 주장하여 (33)와 (35)에서 보이는 선택적인 EPP 현상을 성분통어 관계에서 일어나는 일치 관계를 통해 설명한다. Bošković(2002)은 다음의 (36)과 (37)의 인상구문에서 하위절 T의 EPP는 충족되지 않아도 정문이 되는 현상을 증거로 제시한다.

(36) Someonei is likely [$_{IP}$ t_i to be t_i in the garden].

(37) There is likely [$_{IP}$ to be someone in the garden].

(36)의 관련 논항은 하위절 T의 지정어 자리를 채우고 상위절 T의 지정어 자리에 병합되었지만, (37)의 허사 *there*는 상위절 T로 이동없이 병합되었다. 따라서 하위절 T의 EPP는 충족되지 않았다. 또한 Bošković(2002)의 EPP가 비해석성 자질에 의한 이동현상의 근거로 제시한 다음의 (38)와 (39)의 허사구문에서 여전히 일치와 이동의 관계가 성립되지 않고 있음을 볼 수 있다.

(38) *There seems a man_i to be t_i in the garden.

(39) There was a rumor that a mani was t_i in the room.

---

74) Bošković (2002)은 격을 할당하는 격할당자를 반대로 목표라고 가정한다. 목표어에 의해서 이동이 유발되며 이것은 격을 할당하기 위한 이동이다. (Inverse Case Filter requirs the traditional case assingners to check its case feature, which follows from the Attract system where NP movement is motivated but by its need to check case but by the need of its Case assigner.)

(38)의 NP *a man*는 (39)의 NP *a man*처럼 비해석성 자질에 의해 T의 지정어 자리로 이동했지만 비문이다. 일치 관계에서 이동이 필요없는 같은 제자리에서 일치 관계가 성립함을 알 수 있다. 또한 다음 문장에서는 허사 *there*의 생성 이유가 설명될 수 없다는 점에서 LF에서 비경제적인 운용이다. 이론적 관점에서 볼 때, 허사 *there*를 핵으로 인칭 [person] 자질만 가지고 있다는 상정은 탐침자로서 가능성을 설명하지만 기능범주의 핵이 탐침자가 된다는 주장과 모순된다. 뿐만 아니라 이러한 분석은 정형 T의 지정어 자리에 채워져야 하는 EPP-자질에 대한 설명력을 가지지 못한다.

다음과 같은 문제점을 설명하기 위해 Chomsky(2001) 정형 T의 EPP-자질은 독립적인 별도의 자질이 아니며 EPP는 그 지정어 자리에 인칭자질을 요구하는 일종의 선택적 자질로 보아야 한다고 설명한다. 그 요구에 대한 충족은 내부로부터 어떤 ([*person*] 자질을 가진) 명사적 요소를 이동하거나 어휘부 어휘 배열으로부터 직접 선택하여 충족시킬 수도 있다고 설명한다.

다음과 같은 설명은 T의 지정어 자리가 채워지는 독립적 운용이 아닌 T가 가지는 하나의 비해석성 자질로 간주함으로써 일치된 문법 체계의 운용 속으로 EPP를 설명한 의의가 있다. 하지만 여전히, 최소주의 하에서 설정하지 않은 최대투사원리(Extended Projection Principle) 그대로 차용하여 설명하고 있는 모순을 보인다. 뿐만 아니라, 허사 *there*가 T의 지정어 자리에 순수 병합되어 탐침관계에 참여해야 함으로 다소 비경제적으로 보인다. 왜냐하면 T의 자질 EPP-자질에 의해서 아니라 허사 *there* 자신의 비해석성 인칭자질을 삭제하기 위한 병합으로도 볼 수 있는 모호함이 있기 때문이다.

4.3 일치와 격

최소주의는 이전의 여러 문법이론(격이론, 의미역이론, 논항연쇄이론 등)을 상정하지 않기 때문에 더욱 도출적 문법이론에 가까워 졌다. 이전의 구조적 위치로 이동해서 기능어의 핵에게서 격을 받는 점검원리에서 일치 관계에 의해 논항에 격을 인허하는 방식에 대해 알아보자.

4.3.1 비해석성 격자질 일치

최소주의에서는 George and Kornfilt(1981) 이래로 비해석성의 자질의 일치로 주격(nominative case)이나 대격(accusative case)과 같은 구조격(Structural Case)이 할당(assignment)되는 것으로 상정하고 있다. Chomsky(2001)의 일치 이론에서는 격을 어휘항목이 가지고 있는 비해석성 자질로 간주하고 탐침과 목표가 화합하면 목표어의 비해석성 자질인 격이 인허되는 것으로 간주한다.

일반적으로 주격과 대격은 구조적으로 격을 받는 것으로 보고 구조격이라고 칭하였다. 격을 받는 구조적인 위치는 지정어-핵(Spec-Head)의 위치에서 핵에 의해 점검받는 것으로 보았다. 하지만 최소주의로 발전하면서 문법이론으로 중요한 위치를 차지하던 격이론(Case Theory)은 일치가 먼저 수반되어야하는 다소 이차적인 통사운용으로 보인다.

이전의 구조적 위치로 이동해서 기능어의 핵에게서 격을 받는 점검원리에서 일치 관계에 의해 논항에 격을 인허한다. 이러한 격 인허는 허사 *there* 구문이나 비대격 동사구문과 같은 문장에서 관련 논항 NP와 T가 핵과 보충어 관계에서 일치하는 것이 설명 가능해 진다. T-N의 일치와 격 인허과정은 다음과 같다.

(40) Down [T have] come [prices].
[*uP uN* prT] [3P PIN *uC*]

(40)에서 비해석성 자질들은 형태적 자질인 명사의 φ-자질을 (25)의 *prices*가 복수, 3인칭을 가지고 아직 인허 받지 못한 비해석성 격자질 또한 가지고 있는 것으로 가정한다. T 또한 *have* 현재시제(Present Tense: prT)를 가지고 있고 비해석성 φ-자질을 가지고 있는 것으로 가정할 때, 비해석성 인칭, 수 자질(Uninterpretable Person feature: *uP*, Uninterpretable Number feature; *uN*)을 가진 어휘항목 T가 *prices*의 비해석성 격자질(uninterpretable Case feature; *uC*)을 성분통어하고 있다. 따라서 다음 (40)에서 현재시제 *have*, T와 명사 *prices*는 일치한다. 비록 통사적 위치상으로는 지정어-핵의 관계가 아닌 지정어-보충어의 관계지만 어휘범주는 T-N 일치라는 점에서 동일하다.

Chomsky(1999)의 일치이론에 의하면, 해석성 자질은 병합과 동시에 값을 받지만 비해석성 자질은 값을 받지않은 (unvalued) 상태임으로 다른 어휘항목의 자질과 일치를 통해 값을 받아야만 한다[75]. 즉, 도출의 과정에서 모든 자질들은 값을 받는다. 만약 비해석성 자질이 완전히 삭제되지 않는다면 그 도출은 파탄에 이르게 된다. 다음

---

[75] Chomsky (1999: 4)는 다음과 같이 명시한다: "We take uninterpretable features to be unvalued, receiving their values only under Agree."

과 같은 도출적 가설은 여러 문법모형(격이론, 의미역 이론 등)으로 문장의 비문법성을 설명해야 했던 종전이론을 간소화 한다.

T *have*는 현재시제 자질을 가지고 있지만 만약 인칭과 수 자질을 가지지 않는다면 PF에서 *have*인지 *has*인지 해석할 수 없게 됨으로 그 도출은 파탄에 이른다. 문자화될 때 모든 비해석성 자질이 모두 삭제되지 않았다면 LF에서 그 도출은 파탄된다. 따라서 T-N의 일치에서 N이 가지고 있는 비해석성 격자질이 삭제되지 않으면 T가 음운부에서 해석가능하다고 할지라도 LF에서 N의 격자질을 해석할 수 없음으로 그 도출은 파탄된다.

(41) Down [T have] come [prices].
[~~3P PIN~~ prT] [3P PIN ~~NomC~~]

T *have*의 비해석성 자질이 탐침이 되어 자신이 접근 가능한 목표 N *Prices*을 찾아 두 어휘항목의 비해석성 자질이 서로 일치함으로 비해석성 자질이 값을 얻는다. T-N이 일치하여서 T의 비해석성 φ-자질은 N의 해석성 φ-자질에 의해 값을 부여받고 삭제된다. 또한 N의 비해석성 격 자질은 T의 값을 부여받은 완전한 φ 자질에 의해 부여받고 삭제된다.

(41)과 같이 일치되어 삭제되기 위해서는 좀더 세부적인 연산과정과 조건이 지켜져야 한다. 우선, T의 탐침과 목표는 제한된 영역(domain) 안에 위치해야한다. 문자화가 국면으로 접합점조건에 전이됨으로 국면 핵의 영역 안에서 탐침이 목표를 성분통어 해야만 한다. 성분통어의 관계이더라도 만약 탐침과 목표가 사이에 다른 어휘항목이 있다면 탐침은 목표에게 접근할 수 없다.

4.3.2 격할당 도출 조건

Chomsky(1999)에서 탐색을 위해서는 두 어휘항목이 모두 비해석성 자질을 가지고 있어야만 일치가 활성화(active)된다. 두 어휘항목이 일치하기 위해선 탐침과 목표 모두 비해석성 자질을 가지고 있어야 함을 조건으로 한다. 이러한 조건이 충족될 때 탐침은 자신의 성분통어 영역 안에서 목표를 찾게되고 일치를 통해 비해석성 자질을 삭제한다. 일치를 통해 격은 자연히 삭제되는 도출적 운용으로써 Chomsky(2001)의 격 할당의 과정을 다음과 (42)과 같이 살펴볼 수 있다.

(42) 도출에 의한 격 할당 (Chomsky, 2001)

a. 탐침자 목표어 체계 (Probe-Goal System)[76)]
α는 β와 일치한다.
조건: (i) α는 β를 성분통어한다.
(ii) α와 β는 모두 활성적이다.
(모두 비해석성 자질을 가지고 있다.)

---

76) Chomsky(2000)에서 비해석성 자질은 탐침(또는 탐색자 Probe) P가 되어 자신과 내용이 같은(identical) 자질을 찾는다. 탐색 대상인 목표는 제한된 탐색 공간 내에 있어야 한다.
Chomsky(2000: 124)
The Probe-Goal System
(i) matching is feature identity
(ii) D(P) is the sister of P
(iii) locality reduces to "closest c-command"

(iii) α와 β의 비해석성 자질은 화합한다.

b. 자질복사 (Feature Copying)[77)]
값이 부여되지 않은 비해석성 φ-자질 F인α와 값이 부여된 해석성 자질 β이 일치하면, β 의 해석성 자질 F의 값이 α에 복사된다.(α는 β와 같은 φ-자질의 값을 가진다.)

c. 격 할당 (Case Assignment)[78)]
α는 화합하는 β의 격자질에 값을 부여한다. β가 α의 φ-자질에 값을 부여하면 α가 β의 격자질에 값을 부여한다.
(i) 시제 자질을 가진 T는 주격(nominative)을 부여한다.
(ii) 시제 자질이 없는 T는 격을 부여하지 못한다.
(iii) α가 타동사(transitive)이며 대격(accuative)를 부여한다.

---

77) Chomsky(1999)에 의하면 기능범주의 핵은 실사범주의 투사와 같은 φ-자질을 복사한다.
φ-feature Copying
if α agree with β and α is unvalued for some φ-feature F and β is valued for F, the value of F for β is copied onto α

78) Chomsky(1999) 완전 비해석성 φ-자질을 가진 기능범주의 핵이 실사범주 투사의 격을 할당할 수 있다.
Case assignment
α values the case-feature of matching β if β values the number and person feature of α: α thereby assigns to the case-feature of β the following value:
(i) nominative if α is a finite T
(ii) null if α is a nonfinite T
(iii) accusative if α is transitive

d. 자질삭제[79]

(i) α의 비해석성 φ-자질은 화합하는 β에 의해서 삭제 된다.

(ii) 완전한 φ-자질을 가진 α만이 β의 격자질을 삭제할 수 있다.

(43)은 (42)의 일치조건에 의해 다음과 같이 도출된다.

(43) Down [T have] come [prices].
[*uP uN* prT] [3P PIN *uC*]

(43)에서 *have*는 비해석성 [*uP uN]* 자질에 의해서 활성화된 탐침이다. 따라서 사람, 수를 가진 성분통어하는 목표어를 탐색한다. 가장 가까운 *prices*가 비해석성 [*uC*] 자질에 의해서 일치에 활성화 되어 있음으로 *have*와 화합한다. 일치는 값의 부여와 자질의 삭제를 포함하는 연산작용임으로 값이 부여된다.

---

79) Chomsky(2000)에서 기능범주의 핵에 따라 완전 비해석성 φ-자질과 불완전 비해석성 φ-자질을 가진 탐침으로 나뉜다. 자질의 삭제는 완전 비해석성 φ-자질을 가지는 T와 υ는 자신과 일치하는 목표의 활성화 일치자질인 격자질을 삭제할 수 있다.

Feature Delelation

(i) Any uninterpretable person/number/case feature of α is deleted by a matching β

(ii) Any EPP-feature of α is deleted when α is deleted when α is merge with an appropriate specifier

φ-Completeness Condition

α must be φ-complete in order to value or delete case

(44) Down [T have] come [prices].
[3P PlN prT] [3P PlN uC]

(42b)의 φ-자질 복사(φ-feature copying)를 통해 값이 부여(valuation)된다. *have*의 비해석성 [*uP uN*] 자질은 같은 자질을 가진 *prices*의 [3P, PIN]에 의해 값을 부여 받는다. 다시 말해, (44)에서처럼 *prices*의 자질이 *have*의 자질에 복제되었다.

(45) Down [T have] come [prices].
[3P PIN prT] [3P PIN NomC]

(45)에서 격 할당은 (42c)에 의해 *prices*의 비해석성 Case-자질이 주격을 받는다. 탐침 T *have*가 시제자질을 가지고 있음으로 자신에게 값을 부여한 목표의 격자질에 값을 정할 수 있다. N *prices*가 T의 완전 비해석성 φ-자질에 값을 부여하였음으로 주격(nominative)의 값을 부여받고 *prices*의 비해석성 Case-자질에 주격이 표시된다. (45)과 같이 복사된 자질에 의해 *have*는 *have*와 *has*중에서 *have*의 형태를 가지게 되고 *prices*는 의미 역할을 받고 (46)과 같이 삭제된다.

(46) Down [T have] come [prices].
[~~3P PIN~~ prT] [3P PIN ~~NomC~~]

(46)에서 값을 부여받은 비해석성 자질들은 접합점 조건을 충족시키기 위해 삭제된다. (42d)에 따라 T *have*의 [3P PlN]은 *prices* [3P PlN]에 의해서 삭제된다. (42d(i) 조건인 완전한 φ-자질을 T *have*

가 가지고 있기 때문에 자신의 자질도 삭제하고 또한 *prices*의 격자질도 삭제할 수 있다. 탐색-복사-삭제를 과정을 거쳐 (46)이 최종적으로 도출된다.

5

국면에 의한 일치분석

이 장에서는 하위 어휘배열(Lexical Array: LA)에 허사 *there*가 포함되어 있을 경우 병합우선원칙(Merge-over Move: Chomsky 1995, 1999, 2000)에 의해 허사 *there*가 선택되어진다고 주장한다. EPP-자질을 삭제하기 위한 허사 *there*가 순수 병합되어지는 Chomsky(1999)의 분석과 Radfold(2004)의 EPP 일반화에 대해 알아본다.

5.1 EPP-자질삭제와 허사 *there* 병합

통사적으로 볼 때, 일치는 격을 점검하기 위해 T의 지정어 자리로 이동해서 이루지지 않고 제자리에서 이루어진다. 따라서 격을 점검받기 위한 이동은 최소주의의 일치 이론에서는 설명될 수 없다. Chomsky(1999)는 EPP를 자질로 보고 T가 자신의 지정어 자리에 D-자질로 채워야 하는 선택자질이며 이동의 유인자는 EPP-자질로 볼 수 있다. [80]Chomsky(1999, 2001)의 비해석성 EPP-자질에 의한 순환적 이동을 살펴보고 EPP-자질이 이동 유인없이 삭제되어 국면의 순환이동이 멈추는 허사구문을 고찰해 보자.

5.1.1 순수허사병합조건

Chomsky(2001)에서는 허사가 EPP를 충족시키기 위하여 순수병합되지만 자신의 비해석성 인칭 자질 때문에 즉시 EPP를 충족시키지 못하고 탐침이 되어 목표와 일치한다고 주장한다. Chomsky(1999)에서 *there*는 비해석성 인칭자질(Uninterpretable Person feature)만을 가지고 있다고 주장한다. 인칭자질은 일치 관

---

80) Chomsky(1995)에서는 영어에서 보이는 주어의 의무성을 시제소의 강 D-자질점검으로 설명하고 있다. 그는, 영어의 허사 *there* 구문을 예로 들어, 허사 *there*는 시제소의 강 D-자질만을 점검하며, 시제(Tense)의 주격자질은 후치 명사구와 점검된다고 제안한다. Chomsky(1995)는 EPP 자질로 설정한 시제소의 D-자질이 구체적으로 어떠한 형태자질인지 언급하지 않고 있다.

계에 있어 활성화되어 탐침 또는 목표어가 된다고 주장한다. 탐침이 될 수 있는 범주는 기능범주임으로 허사 *there*는 탐침의 핵인 동시에 최대투사 X°로 보고 있다. 허사 *there*는 허사 *it*과 마찬가지로 지시적 속성이 없지만 허사 *it*의 자리에 병합되면 비문이 된다. 허사는 관련명사구가 와야 하는 특징을 (47)에서 보인다.

(48) a. *There is prablematic.
 b. There is a problem.

(48)에서 이탤릭체의 관련 논항 *problem*이 와서 정문이다. (48b)의 도출과정을 살펴보면 현재시제 [T be]의 비해석성 φ-자질과 EPP-자질이 활성화 조건을 만족시켜서 자신과 가장 가까게 성분 통어하는 목표 DP *a problem*과 일치한다. 탐침과 목표가 각각 완전 비해석성 φ-자질과 완전 해석성 φ-자질을 가지고 있어 서로에게 화합하고 [T be]에 자질이 복사되어 삭제되고 DP *a problem*의 격자질도 삭제된다.

(49) [T be] a problem.
 [EPP prT 3P SgN] [3P SgN NomC]

(50) There [T be] a problem.
 [3P] [EPP prT 3P SgN] [3P SgN NomC]

(49)에서, T-N 일치를 통해서 [T be]의 비해석성 EPP-자질이 삭제가 되지 않았다. 따라서 T의 EPP-자질을 삭제하기 위해 허사 *there*가 (50)과 같이 병합됨으로써 [T be]의 비해석성 EPP-자질이

삭제되고 T와 N의 모든 비해석성 자질이 삭제된다.

Chomsky(1999)의 가정에 의해 T의 자질이 비해석성 인칭자질만을 가진다고 가정하면 (50)에서 *there*가 비해석성 인칭자질을 삭제하여야만 한다. 허사 *there*를 제외한 모든 비해석성 자질들이 삭제되어 허사 *there*와 일치할 어휘항목이 없어 보인다. 이와 같은 딜레마는 국면 접근법에 의해 해결 된다. 완전 비해석성 φ-자질은 일치에 의해 자질을 복사해 삭제되었다고 하더라도 접합점 조건으로 전이 전에 국면 안에 있으면 일치에 활성화된다. Chomsky(1999)의 자질에 대한 활성화 가설은 다음 (51)과 같다.

(51) 자질 비활성화 가설 (Feature Inactivation Hypothesis)
 (i) 삭제된 φ-자질은 국면이 끝날 때까지 화합하는 비해석성 자질과의 일치에 활성적이다.
 (ii) 다른 자질들은 삭제 즉시 비활성화된다.

(52) There [T be] a problem.
 [~~3P~~] [~~EPP~~ prT ~~3P~~ ~~SgN~~] [3P SgN ~~NomC~~]

(52)에서 [T be]의 비해석성 자질은 DP *a problem*과 완전 φ-자질에 의해 비해석성 φ-자질을 삭제하고 DP *a problem*의 격자질을 삭제한다. DP *a problem*의 격자질은 (51ii)에 따라 삭제 즉시 비활성화되지만 [T be]는 φ-자질이 삭제되었기 때문에 CP 국면이 완성될 때까지 일치에 활성적이다. 따라서 [T be]의 활성화된 값을 가진 완전 φ-자질은 *there*의 [uP]에 값을 부여하고 삭제되어 (52)가 도출된다.

5.1.2 허사구문에서 자질일치관계

허사 *there* 구문에서는 기능범주 핵의 φ-자질이 탐침이 되는 것이 아니라 허사 *there*의 인칭자질이 탐침이 되고 기능범주 핵의 φ-자질이 목표가 된다. Chomsky(2000)에서 기능범주 핵의 φ-자질이 아니라 허사 *there*의 인칭자질이 탐침이 되는 것은 허사 *there*의 병합이 EPP-자질의 삭제를 의미하는 것이 아니기 때문이라고 주장한다. 일치를 통해서만 비해석성 자질은 삭제될 수 있기 때문에 허사 *there*가 탐침이 되어야만 T의 EPP-자질을 삭제하고 자신의 인칭자질을 삭제할 수 있다고 설명한다.

허사 *there*의 [*uP*] 자질이 삭제되는 것은 삭제된 T의 φ-자질이 비활성화 조건에 의해서 국면이 끝날 때까지 화합하는 비해석성 자질과의 일치에 활성적이기 때문이다. 따라서 (53)과 (54) 모두 허사 *there*가 자신의 인칭자질 삭제를 위해 탐침이 된다고 설명가능하다.

(53) There [T be] a problem.
[~~3P~~] [EPP ~~prT 3P SgN~~] [~~3P SgN~~ NomC]

(54) There are thought likely to be awarded several prizes.
[~~3P~~] [PrT][~~3P~~][~~PlN~~] [~~3P~~] [~~PlN~~] [~~NomC~~]

Chomsky(1999)의 가정에 따르면, (54)에서 T는 관련 논항의 탐색자가 되어 값을 부여받는다. 하지만 아직 국면영역 안에 있는 φ-자질이 때문에 탐색자인 허사 *there*에게 가시적임으로 T BE가 목표어로 탐색되어 일치한다. 목표어는 완전 해석성 φ-자질을 가지고 있음으로 *there* 인칭자질을 삭제한다.

(55) [there] [T to] be awarded [several prizes].
[~~3P~~] [~~EPP 3P~~] [3P PlN NomC]

(55)의 타동사 구문에서 허사 *there*의 일치 관계를 살펴보면 *there*가 탐침이 됨을 확인할 수 있다. Chomsky(1999)에서 국면의 순환적 이동에 대한 설명으로 제시했던 타동사 구문 (56)의 도출과정을 (57)에서 분석해 보면 허사 *there*는 타동사 구문에서도 같은 일치 관계를 보인다.

(56) we expect several prizes to be awarded.

(57) [we] [T expect] [there] [T to] be awarded [several prizes].
[~~EPP 3P~~] [3P PlN NomC]

(56)의 하위절은 탐침 T는 시제가 없기 때문에 하위절 *several prizes*의 완전 φ-자질에 의해 자신의 인칭자질은 삭제되지만 목표어 *several prizes*의 격자질은 삭제하지 못한다. 또한 자신의 EPP-자질을 삭제하기 위해 *there*가 하위절 T의 지정어 자리에 병합된다.

Chomsky(1999)에서 병합과 EPP-자질의 삭제는 별개의 것으로 주장한다. 허사 *there*가 EPP-자질의 삭제를 위해서 병합되기는 하지만 병합이 EPP-자질 삭제를 의미하지 않는다. 자질의 삭제는 일치를 통해서 가능하다. 따라서 허사 *there*는 EPP-자질삭제를 위해 병합과 동시에 일치에 참여해야 함을 의미한다. 허사 *there*의 인칭자질을 삭제하기 위해 모든 비 해석성 자질이 삭제되고 목표어로서 가시적인 요소들만 남은 상태에서 자신이 탐침이 되어야 한다. Chomsky(1999)는 허사 *there*의 범주를 자신 스스로 최소범주이면서 최대범주의 X^{o}로서 핵 범주로 가정한다. 그렇다면 보충어의 격자질의 삭제는 T-N 일치가 아니라 X^{o}-T 일치로 볼 수 있다. 자질의 범주로 볼 때, 보충어의 격자질은 기능범주의 핵 T와 보충어 N의 핵- 보충어 사이의 일치이다. 하지만 허사 *there*의 인칭자질의 삭제는 핵 범주 X^{o}와 기능범주의 핵 T 사이의 핵-핵의 일치로 일관적이지 않음을 볼 수 있다. 또한 허사 *there*가 T의 지정어 자리에 통사적으로 위치하는 점은 일치와 통사구조가 관련이 없는 것처럼 여겨진다[81].

5.1.3 EPP 일반화 도출

Chomsky(1999)에서는 하위 어휘배열(LA)에 허사 *there*가 포함되어 있을 경우 병합우선원칙(Merge-over Move: Chomsky 1995, 1999, 2000)에 의해 EPP-자질을 삭제하기 위해서 허사 *there*가

---

[81] Chomsky(2005)에서 병합에 의해 도출된 통사 대상이 계속되는 연산에 참여하기 위해서는 표찰이 필요하다고 설명하며 표찰연산공식(labelling algorithm)을 주장한다. 순수병합에서 통사대상 {H, α}에서 H가 어휘항목이라면, H가 표찰이 되며, 내부병합에 의해 형성된 통사대상 {α, β}에서는 β가 표찰이 됨을 설명한다. Chomsky (1998)에서 허사 *there*에서 자신 스스로 최소범주이면서 최대범주의 X^{o}로서 핵범주이고 일치에 의해 삭제되어야할 비해석성 인칭자질을 갖기 때문에 탐침자라는 가정을 *there* 구문들이면 위치상으로는 지정어-핵의 관계이지만 사실 핵-핵의 관계임으로 표찰연찰공식이 적용이 어렵다.

선택되어 진다고 다음과 같이 설명한다. Chomsky의 주장을 Radfold(2000)의 EPP-자질에 의한 허사 병합을 통한 EPP 일반화를 제안하였다. EPP 일반화(EPP Generalization)에서 T가 화합(matching)이 된 부정형 목표어를 성분통어하면 T의 지정어 자리는 허사 *there*가 병합된다. T가 화합이 되지 않는 목표어를 성분통어하면 그 자리에 허사 *it*을 병합하거나 가장 가까운 활성화된 목표어를 이동시킨다.

(58) EPP 일반화 (EPP Generalization)[82]

T가 EPP-자질을 가지고 있을 때, 이 자질은 다음에 의해서 삭제될 수 있다.

(i) T가 화합이 된 부정형 목표어를 성분통어하면 T의 지정어에 허사 *there*를 병합한다.

(ii) T가 화합이 되지 않는 목표어를 성분통어하면, T의 지정어에 허사 *it*을 병합한다. 또는

(iii) T에게 성분통어되는 가장 가까운 활성화된 목표어를 이동시킨다.

---

82) Radford(2004: 235)에서 다음과 같이 명시하고 있다.

EPP Generalization

when T carries an [EPP] feature, this can be deleted

(i) by merging ecpletive there in spec-TP if T c-commands a matching indefinite goal (.i.e. an indefinite noun or pronoun espression which matches T in person and number)

or (ii) by merging expletive it in spec-TP if T c-commands no matching goal

or (iii) by moving the closest matching active goal c-commanded by T in to spec-TP

(58)의 EPP-일반화에 따라 하위절은 화합의 T를 가짐으로 *several prizes*는 격자질을 삭제하고 이동없이 비활성화되어 국면으로 전이된다. (59)에서 관련논항 NP *several prizes*은 주어자리로 이동하지 않고도 정문이다.

(59) There are thought likely to be awarded several prizes.

(59)에서 NP *several prizes*는 3인칭 복수의 해석성 자질과 비해석성 격자질을 가진다. 또한 상위절 T BE는 구조격을 투사하기 위해 그것을 요구하는 EPP-자질과 일치자질인 성(gender), 수(number), 인칭(person)의 Φ-자질을 가진다. 따라서 상위절의 T와 하위절의 NP 모두 비해석성 Φ-자질을 가지고 있어 일치에 활성화되어 있다. 기능범주의 T의 비해석성 자질이 탐침이 되어 목표어 NP의 비해석성 자질과 조화를 이루게 된다.

(59)의 상위절 T는 완전한 비해석성 자질을 가지고 있는 탐침자이기 때문에 자질삭제가 가능하다. NP *several prizes*는 구조격을 삭제하고 탐침 자신의 비해석성 자질도 삭제한다. (58)에서 탐색자와 목표어가 완벽하게 일치함으로써 비해석성 자질들을 삭제한다. T *be*는 구조격을 투사하기 위한 EPP-자질도 포함한다.

(60) Ø there BE thought likely to be awarded [several prizes]
[Dec-Force][3-Pers][Pres-Tns] [3-Pers]
[~~3-Pers~~] [Pl-Num]
[~~Pl-Num~~] [~~Nom-Case~~]

(60)에서 허사 *there*를 하나의 비해석성 인칭자질에 의해 수반되는 유일한 자질로 보는 Chomsky(1999)에서 허사는 탐침자로서 핵으로 순수 병합되어 일치 관계에 참여한다. 허사는 인칭자질만 가지는 불완전한 비해석성 자질로서 일치 관계에 참여한다. 자신의 목표어인 T *BE*와 화합 *BE*의 삭제된 자질은 의미적 구성요소에서는 삭제되었지만 통사적으로는 자질 가시성 규약 (Feature Visibility Convertion)에 의해 가시적으로 유효하게 남아있다. 하지만 *BE*의 자질은 삭제할 수 없고, *BE*는 완전한 비해석성 자질을 가지고 있음으로 허사 *there*의 비해석성 인칭자질을 삭제할 수 있다.

(61) *There is said that he has taken bribes.

(62) There BE said that he has taken bribes.
[~~3-Pers~~] [Pres-Tns] [3-Pers] [Pl-Num]

허사 *there*가 T의 비해석성 Φ-자질 삭제에 참여할 수 없음으로 (61)와 같은 문장은 비문이 된다. (62)에서 BE는 목표어를 통한 자질을 삭제하지 않았기 때문에 완전한 비해석성 Φ-자질를 가진다. T가 목표어 혹은 탐침이 되어도 허사 *there*는 비해석성 인칭자질만을 같은 불완전 자질임으로 *BE*의 자질이 삭제할 수 없다. 허사 *there*의 인칭자질이 삭제된다고 하더라도 *BE*의 비해석성 자질이 삭제되지 못함으로 완전해석원리를 위배한다.

Chomsky(1999)에서 허사 *there* 구문에 대하여 통사적 입장에서 비해석성 자질을 제거하기 위한 작용으로써 의미를 지니지 않는 허사 *there*의 순수병합으로 본다. Radford(2004)는 연산체계의 일치를 탐침과 목표어의 관계 속에서 T가 화합이 된 부정형 목표어를 성분통어면서 그 자질의 일치가 완료되어 값을 부여받는다고 주장한다. 그에 따라 목표어는 그 자리에서 제자리가 되어 이동을 할 수 없게 된다고 설명한다.

5.1.4 표찰연산공식

Chomsk(1998)에서 허사 *there*에서 자신 스스로 최소범주이면서 최대범주의 X^{o} 로서 핵범주이고 일치에 의해 삭제되어야할 비해석성 인칭자질을 갖기 때문에 탐침자가 된다고 보았다. Chomsky(2005)에서 병합에 의해 도출된 통사 대상이 계속되는 연산에 참여하기 위해서는 표찰이 필요하다고 설명하며 표찰연산공식(labelling algorithm)[83]을 주장한다.

허사 *there*는 지정어 위치에 병합되면 위치 상으로는 핵 T와 지정어 허사 *there* 관계이지만 사실상 핵과 핵의 관계를 이루게 된다. 이러한 핵-핵 관계가 형성된 것은 T의 EPP-자질에 의해서 아니라 허사 *there* 자신의 비해석성 인칭자질을 삭제하기 위한 병합임으로 더 이상 허사 *there*는 T의 투사로서 볼 수 없다. 이러한 허사 *there*가

---

83) Chomsky(2005)에 표찰달기를 다음과 같이 규정하고 있다.

a. In {H, α}, H a lexical item (LI), H is the label

b. If a is internally merged to β forming {α, β}, then the label of β is the label of {α, β}

순수병합에서 통사대상 {H, α}에서 H가 어휘항목이라면, H가 표찰이 되며, 내부병합에 의해 형성된 통사대상 {α, β}에서는 β가 표찰이 됨을 설명한다. 즉, 병합에 따라 α가 H의 보충어가 되거나 β의 지정어가 된다.

독립성은 T의 지정어 자리에 허사 *there*가 병합할 때 표찰에 문제가 생긴다.

(63) There is a problem.

(64) There [T be] a problem.
[uP] [EPP uφF] [3P SgN uC]

(63)에서 T-N일치와 동일하게 일치가 적용되어 T *be*의 비해석석 φ-자질과 DP의 격자질이 삭제되었다. 허사 *there*가 병합되어 T의 EPP-자질 삭제하기 위해 T의 지정어 자리에 병합한다. Chomsky(2005)에서 일치관계에 따른 표찰이 이루어진다고 주장한다. 구조적으로 탐색자와 목표어가 내부병합 또는 외부병합을 통해 통사대상을 형성하면 탐색자의 핵 범주가 표찰 된다고 설명한다.

현재시제 [T be]의 비해석성 φ-자질과 EPP-자질이 성분 통어하는 목표 DP *a problem*과 일치한다. T에 내부병합하는 DP에서 표찰 연산공식에 따라 T가 표찰이 되어 T' 구조를 형성한다. 허사 *there*가 T의 지정어 자리에 병합 됨으로써 [T be]의 비해석성 EPP-자질이 삭제되고 *there*가 비해석성 인칭자질을 삭제하기 위해 탐침이 되어 T와 일치한다. 따라서 표찰연산공식에 따르면 외부병합에서 탐침이 허사 *there*임으로 통사대상의 표찰은 허사 *there*의 핵 범주가 된다. Chomsky(1999)에서 허사 *there*의 범주를 자신 스스로 최소범주이면서 최대범주의 X^o로서 핵 범주로 가정한다. 다음과 같은 가정을 따르면 TP가 아니라 X^o의 최대투사가 된다. 사실 X^o는 어떤 특정한 범주의 가정이 없음으로 표찰이 무엇인지 정확히 정할 수 없다.

Chomsky(1995)의 허사 *there* EPP를 만족시키기 위한 D-자질이라는 가정을 적용했을 때, DP의 최대투사가 된다.

5.1.5 격자질 삭제에 따른 이동의 문제

Lasnik(1995)와 Martin(1999)는 허사 *there*가 격을 가지고 있다고 연구하였다. Epstein(2002)는 Lasinik(1995) Belletti(1984)의 부분격을 수용하여 허사 *there*는 국부적으로 T의 주격(Nominative case)을 점검하기 위해 존재한다고 주장하였다. 이러한 격 점검은 Chomsky(1999)에서 일치에 의해 이루어 진다고 주장된다. 따라서 지정어-핵의 일치를 위한 자질의 유인없이 자질들이 제자리에서 복제, 삭제된다고 설명한다. Chomsky(2001)에서 허사 *there* 분석을 통해 대해 격자질 삭제와 허사 *there* 병합의 관계는 다음의 (65)와 같이 상정할 수 있다.

(65) 허사 *there*는 격 자질이 없음으로 허사 *there* 구문에서 관련 논항은 제자리 원거리일치(Long-distance agreement)가 이루어진다.

(66) It would be likely (for) [there to seem that Fred left].

Chomsky(2001)의 격자질 삭제에 관한 (65)의 주장에 대해 Lasnik(1995)는 (66)에서 *for*가 허사 *there*앞에 위치해야 함을 들어 허사가 격을 가지는 것으로 볼 수 있다고 주장한다. Lasnik(1995)는

*there*가 음성적으로 눈에 보이는 NP이기 때문에 허사가 격을 요구한다고 설명한다. 하지만 이러한 설명은 충분한 설명력을 지니기에는 부족해 보인다. Epstein(2002)에 의하면 만약 *there*가 T의 격자질을 점검한다면 허사 *there*가 관련명사구의 비해석성 자질을 체크하지 못함으로 LF에서 파탄된다. 따라서 격은 자질의 일치가 아니라 통사적으로 주어진다고 가정하여 통사적으로 서로 성분통어하면 격이 인허되며 격 인허를 위해서 이동이 일어난다고 가정한다. Chomsky(1999)의 격 자질의 삭제에 대한 문제점을 Lasnik(2003)에서 좀 더 상세히 찾아 볼 수 있다. Lasnik(2003)은 허사 *there*가 순수하게 EPP-자질 삭제를 위해 병합된다고 가정할 때 탐침자-목표물의 일치에서는 *there*가 과도하게 생산되는 문제점이 있음을 지적한다. 허사 *there*가 EPP-자질 삭제를 위해 순수 병합되면 (67)에서 허사 *there*의 병합도 정문이 되어야 한다.

(67) *There will not have [$_{vp}$ a man slept].
(cf. a man will not have slpet)

(67)에서 하위절의 DP *a man*이 상위절 T시제로 일치한다. DP *a man*는 격자질이 삭제되어 더 이상 비활성화되기 때문에 이동할 수 없다. 따라서 T의 EPP-자질을 삭제하기 위해 허사 *there*가 병합되어야 한다. 하지만 (67) 문장이 비문인 것으로 보아서 허사 *there*의 순수병합은 (68) 같은 문장에서 문법적 설명력을 지니지 못한다.

(68) *There seems[$_{TP}$ to [$_{v*p}$ a man like fish]]
(cf. a man seems to like fish)

(68)의 하위절에서 v*와 *fish*가 일치해 *fish*의 제자리에서 격자질이 삭제될 수 있고 *a man* 또한 상위절 T와 제자리에서 일치할 수 있다. 격이 삭제되고 나면 그 자리에서 움직일 수 없게 됨으로 T의 지정어 자리는 허사 *there*가 병합되어야 한다. 하지만 (68)역시 허사 *there*가 병합될 수 없는 이유를 설명할 수 없는 문제점을 지닌다.

5.2 국면의 핵에 의한 자질계승과 논항생성

Chomsky(1995) 최소주의 이론의 이전 규칙과의 차이점의 하나는 변형규칙을 위한 표층구조와 심층구조를 삭제한 것이다. 개념적으로 LF와 PF만 남기고 예전의 통사구조를 생성하기 위해 설정했던 구구조 규칙을 제거함으로써 어휘구조에 입각한 통사구조를 생성하게 되었다. 모든 논항은 심층구조과 표층구조에 상관없이 주술관계에 의해 논항이 실현된다. 이것을 동사구 내 주어 가설이라고 한다. VP 구조 내에 vP 구조를 상위 구조로 설정함으로써 표층구조의 설정 없이 도출 가능하게 되었다.

Chomsky(1995)에 따르면 비대격 구문에서는 vP가 존재하지 않는다고 주장하고 있다. 따라서 비대격 구문에서 주어 자리에 위치하고 있는 허사 *there*는 의미역을 받지 못하기 때문에 항상 T의 지정어에만 위치한다는 Chomsky(1995)고 주장한다. 동사구 내 주어 가설과 술어관계에 의해 논항이 만들어지는 논항 생성 원리를 통해 비대격 구문의 vP구조 설정의 타당성을 검토하여 vP구조는 어휘구조에 적용됨을 살펴본다. 따라서 허사 *there*는 술어의 논항으로 vP의 투사 범주 속에서 실현됨을 살펴보자.

5.2.1 *v* P내 주어 생성과 논항 구조

Chomsky(1981)에 의하면 주어자리는 심층구조의 INFL의 지정어 자리(Spec-I)라고 간주되었다[84]. 따라서 외재논항이 있는 동사는 지정어 자리가 채워지고 외재논항을 가지지 않는 비대격 동사의 지정어 자리는 영범주가 설정되었다가 허사가 삽입된다고 보았다.

이론을 최소화하려는 최소주의 이론 체계 아래에서, 이러한 심층구조와 표층구조를 통해 어휘구조가 만들어지는 구구조 규칙

---

84) Chomsky(1981)의 지배-결속 이론에서는 주어가 심층구조에서 표층구조로 격을 받기위해 이동한다. 이동은 다음의 두가지 조건에 설명되어야 한다.

(1) 격여과(Case Filter)

명사구(NP)는 격(Case)이 있어야 한다.

(2) 가시조건(Visiability Condition)

논항이 격이 있어야 의미역-표시에 보인다.

a. A boat appeared in the sight.

b. D-S: [IP e [I' appearedi [VP ti a boat in the sight]]]

c. S-S: [IP e [I' appearedi [VP ti a boat in the sight]]]

최소주의 이전 이론은 (2a)에서 *appear*가 논항을 하나만 가지는 동사이기 때문에 *appear*의 내재논항 자리에서 생성된다고 가정한다. 내재논항 자리에서 태어나면 동사로부터 의미역 표시를 받게 된다. 하지만 모든 논항을 격을 부여한다는 격여과 조건과 의미역-표시에 가시적일 수 있는 가시조건에 의해 (2c)에서와 같이 *a boat*는 표층구조에서의 지정어 위치로 이동해야한다. 이동을 통해 *a boat*는 T와 지정어-핵의 위치관계를 가짐으로 격을 부여 받고 행위자의 의미 역할을 받게 된다. 따라서 통사구조는 서술어가 가지고 있는 논항의 수(의미역 구조)와 격여과와 가시조건에 의해서 생성되었다고 볼 수 있다.

은 Kitagawa (1986), Fukui and Speas(1986), Lason(1988), Sportiche(1988) 등의 동사구 내 주어 가설(VP-internal Subject Hypothesis)을 통해 발전된 Chomsky(1995) 경동사구(υP) 가설에서는 필요가 없다. 이 구조는 VP-패각(VP-Shell) 구조를 만들어 외재논항이 상위 VP의 지정어 자리에서 생성된다는 가정에서 설정되었다.

υP구조가 타당성을 가지는 까닭은 내재논항을 하나 이상 가지는 서술어의 통사구조를 이분지(binary branching)로 나타낼 수 있다. 외재논항이 생성되는 υP구조 설정을 통해 이분지로 통사구조를 분석할 수 있게 됨으로서 υ의 지정어와 보충어가 주술관계를 이룰 뿐만 아니라 소절(Small clause) 인 V의 지정어와 V의 보충어가 주술관계를 이룰 수 있다는 사실을 확인할 수 있다.

υP구조는 의미역 구조(θ-Criterion)가 동사구 내에서 규명됨을 의미한다. 이에 따라 Larson(1988)은 논항의 실현 원리를 설정하였다[85].

논항 실현 원리는 가시조건에 의해 격을 할당받으면 I의 지정어 자리에서 외재 의미역을 할당받는 것이 아니라 의미역 표시자인 어휘적 핵의 영역 안에서 의미역을 가지게 된다.[86] 따라서 모든 어휘

---

85) Larson(1988) 논항 실현 원리

α가 술어이고 β가 α의 논항일 때, β는 α의 투사범주 속에 실현되어야 한다.

if α is a predicate and β is an argument of α, then β must be realized within a projection headed by α.

86) 외재 의미역 (external θ-role)은 외재 논항에 주어지는 의미역이고, 내재 의미역 (ineternal θ-role)은 내재논항에 주어지는 의미역이다.

범주(A, N, V, P)가 의미역-표시자가 될 수 있다. 술부관계에 의해 논항이 실현되고 술어의 핵에 의해 의미역을 표시 받는다. 이것을 양동휘(1997:76)에서는 술부 내 주어 가설 (Predicate Internal Hypothesis)이란 용어를 사용한다. Larson(1988)은 상위 υP에 해당하는 υP 범주가 구성될 때, υP 내의 논항들의 의미역이 부여된다고 주장한다. Stowell(1983)은 소절이 비록 시제적 요소를 갖고 있지 않지만 LF에서는 절의 해석을 갖는다는 점에서, 모든 통사적 주요 범주는 구조적 주어를 포함할 수 있다는 전 범주적 주어의 개념을 주장한다. 그리고 주어와 술어는 하나의 최대투사를 형성하고 그것은 술어의 투사라는 것이다. Stowell(1983)의 소절 이론에서 동사구 내에서 주어와 술어가 주술 관계를 이룰 수 있는 통사적 요소가 가정된다는 Chomsky(1995) υP구조를 도입하여 주술관계에 의해 논항이 실현된다.

Chomsky(1995)에 따르면 비대격 구문에서는 υP가 존재하지 않는다고 언급하고 있다. 따라서 비대격 구문에서 주어 자리에 위치하고 있는 허사 *there*는 의미역을 받지 못하기 때문에 항상 TP 지정어 위치에만 위치한다고 Chomsky(1995: 40) 주장한다. 어휘구조에 입각하여 실질적으로 생성되는 통사구조이라는 가정에서 비대격 구문은 일반적으로 외재논항을 가지지 않는 동사임으로 외재논항이 형성되는 υP의 설정이 불필요하다.

최소주의 이론이 발전해오면서 비대격구문(unaccusative construction), 인상구문(raising construction) 등에 적용될 수 있는 일반화된 규칙인 NP-이동이라는 기존 입장을 유지하면서 이러한 동사들이 υP 구조를 만들고 외재논항을 필요로 하는 경우가 있다는 주장들이 대두되고 있다. 이전의 생성문법에서 가장 중요한 기제로 여겨졌던 격 이론이 최소주의에 오면서 그 역할이 축소되고 기능범주의 역할이 다양화됨에 따라 비대격 구문에서 υP의 구조를 가진다.

5.2.2 명제단위로의 국면형성과 비대격 υ P 구조

Kitagawa(1986)의 VP내 주어 생성가설과 Chomsky(1995) υP 설정에 의하면 내재논항은 V의 보충어 자리에 외재논항은 υ의 지정어 자리에 온다.

동사구 내 주어가설에 따라 주어가 V의 지정어 자리에서 생성된다고 가정한다[87]. Chomsky(2001)의 국면은 CP와 υ*P로 간주한다. 국면의 핵에 의해 일치에서 탐색, 일치, 이동이 일어나며 국면단위로의 순환에서 Chomsk(2005, 2007) 이러한 국면의 핵인 C와 그 보충어의 핵 T가 연합된다. 따라서 국면의 핵 C가 가지고 있는 외곽자질과 비해석성 φ-자질이 T에게 계승되어 C-T의 순환단위가 완성된다.

이러한 일반화는 비논항위치와 논항위치를 정확히 구별해 준다. 국면 핵의 지정어 자리는 비논항자리이며 자질을 계승받는 T, V자리는 논항자리이다[88]. 따라서 목적어 전이 부분을 보면 υ*의 자질이 V

---

87) 이러한 통사구조는 국면의 핵에 의해서 설명될 수 있다.

88) Chomsky(2005) 다음과 같이 정의하고 있다.

비논항위치는 국면핵의 외곽자질에 의해 인상되는 위치로서 C의 지정어와 υ*의 지정어 위치이고, 그 이외의 위치는 논항위치이다.

The A'-position is defined as one that is attracted by an edge-feature of a phase head; hence typically in Spec-C or outer Spec-υ*; Outer are A-position.

에게로 계승됨으로 v*의 지정어 자리로 DP *that*이 내부 병합되어야 한다. 허사 *there*가 T의 지정어 자리에 병합되는 것의 문제점은 TP의 아래에서 생성된다고 가정해 볼 수 있다. 동사구 내 주어 생성 가설을 적용하면 술부 내 주어가 생성된다. 하지만 일반적인 의미역 구조를 갖지 않는 허사 *there*는 주어자리에 위치하고 있다. Hazout(2004)는 William(1997)이 주장하는 *be*동사 뒤 NP가 술어인 존재 허사 구문 (Extential Expletive Construction)의 주어-서술어 관계를 바탕으로 술어 NP의 주어로 허사 *there*가 기능을 하고 있다고 주장한다. 술부 내 주어 가설을 적용하여 *be* 동사와 NP가 병합하여 NP는 *be* 동사의 보충어자리의 내재논항이 된다. 따라서 허사 *there*는 VP(V, NP)의 v의 지정어 자리에 위치하는 외부논항이 된다고 설정할 수 있다. 이러한 주장은 허사 *there*가 의미적(Thematic)인 부분뿐만 아니라 통사적 위치(Position)와 기능(Function)도 주어와 같다는 것은 허사 *there* 구문에서 주어-술어 관계성을 통해 증명될 수 있다. Hazout(2004)에서 (69)를 통해 허사 *there* 구문에서 관련 논항 NP에 관해 여러 가지 의문점을 제기한다.

(69) a. There are [people for whom dignity is important].
b. *[people for whom dignity is important] are.

(69)에서 [NP]의 의미적인 지위가 명확하지 않다고 지적한다. 왜냐하면 술어 [NP]가 비논항 *there*가 주어 자리에 있음으로 어떤 논항도 가지지 않는 것으로 보인다. 즉, 술어와 그 논항의 관계에서 일반적인 의미역 구조가 허사 *there* 구문에서 적용되지 않는다. 또 다

른 의문점은 [NP]가 주어처럼 *be* 동사와 일치하지만 통사적인 위치는 주어 자리가 아니라는 점이다[89]. Hazout(2004)에서는 *be*동사 뒤의 NP가 술어(Predicate)로 주장된다. 일반적으로 허사 *there* 구문에서 NP는 술어가 아닌 관련 논항으로 분석되어 왔다. 왜냐하면 (69a)에서 관련 논항 NP가 동사와 함께 일치하고 있기 때문에 일반적으로 T의 지정어 자리에 위치하는 주어와 통사적 기능과 의미가 동일한 것으로 해석되어 왔기 때문이다. 하지만 술어적 NP에 대한 가능성을 Hazout(2004)은 허사 *there* 구문을 비교하여 제시한다. 허사 *there* 구문의 주술관계를 따져보면 다음과 같다.

(70) There are *students in the class.*

(71) Students are *in the class.*

(72) John and Bill are *students in the class.*

Moro(1997)에 의하면 (70)의 *students in the class*는 소절로서 (71)과 같은 주술관계를 가진다고 주장한다. 따라서 동사구 내에서 술어 *in the class*의 외재논항으로 *student*가 병합되고 허사 *there*는 전혀 주술관계와 상관이 없는 것으로 T의 지정어 자리에 병합된

---

89) Hazout(2004)는 다른 흥미로운 *there* 구문이 다소 딱딱한 구조라는 점이라고 설명한다. 허사 *there* 구문에서는 다음 아래의 문장(d)과 같은 이동을 할 수 없음을 확인할 수 있다.

a. you are a student in the class

b. In the class, you are a student

c. there is a student in the class

d.*In the class, there is a student

다고 주장한다. Williams(1997)는 *students in the class*는 소절이 아닌 (72)과 같이 외재논항을 가지는 술어라고 주장한다. Hazout(2004)는 Williams(1997)의 주장을 지지하여 다음(73)에서 허사 *there*가 명사자질을 가진 외재논항에 위치한다고 주장한다.

(73) a. There is a *big problem.*

b. The shortage of water in this country is *a big problem.*

PP인 *in the class*가 없는 (73b)에서 술어 *a big problem*의 주어는 NP이며 υ의 지정어 자리에 위치한다. (73a)에도 마찬가지로 술어 *a big problem*은 주어를 가져야 한다. 문장에서 주술관계를 만들 수 있는 요소는 허사 *there* 밖에 없는 것처럼 보인다. (74)에서 술어에 대해 의미를 가지는 주어로서 허사 *there*가 기능을 한다고 가정할 수 있다.

(74) a. There is *a student who works on French syntax.*

b. John is *a student who works on French syntax.*

(74a)의 허사 *there*가 (74b)의 *works on French syntax*를 하는 어떤 특정한 개인을 비한정 개인 χ의 존재로 만든다는 사실을 확인할 수 있다. Kitagawa(1986), Fukui & Speas(1986), Lason(1988), Sportiche(1988)의 동사구 내 주어생성 가설 이론에서 언어 구조를 만들어 내는 그 기본 작용이 주술관계(predication)라고 가정했다. 다음의 주술관계성에 의해 통사구조가 생성된다는 이론의 바탕으로

Hazout(2004)의 허사구문의 '주술 관계성'(predicationality) 분석을 접목시킬 수 있다. Hazout(2004)에서 허사 *there*는 술어 NP의 주어로써 주술관계를 형성하기 위해 Bowers(2001)가 주장한 주술관계 구조인 Pr의 지정어 자리라고 주장한다. Chomsky(2005)는 주술관계성을 가지는 명제(proposition)로서, 기본적인 절의 구조를 의미하는 단위로 국면 υP와 CP를 제안하고 있다. Chomsky(1995) υP 구조 가설에서 υP는 모든 의미역이 부여된 완전 논항 구조 (full argument structure)로서 언급되었다. 이러한 국면의 개념은 Bowers(2001)에서 제안한 PrP구조의 개념으로 볼 수 있다. 본 연구는 Bowers(2001)에서 외재논항이 생성되는 υ의 지정어의 위치가 Pr의 지정어로 같다고 본다. Bowers(2001)에서 주어와 술어가 이루고 있는 주술관계는 그 자체로 완전한 '사고'(thought)나 하나의 '정보단위'(information unit)로서 존재할 수 있는 범주라는 것을 의미한다고 주장한다. 이는 또한 PrP 범주를 통해 시사한 하나의 단위(unit)로서의 PrP의 존재 개념을 국면의 개념과 같은 맥락에서 적용할 수 있다고 주장하였다. 따라서 υP구조에 적용하여 Hazout(2004)에서 주장을 수용하면 υ의 지정어 자리에서 허사 *there*가 생성된다고 볼 수 있다.

허사가 Kratzer(1988)에서 제시한 술어의 논항이며 사건(event)이나 시공간 위치 (spatio-temporal location)를 위한 여분의 논항(extra argument)일 가능성이 있다고 본다. 또한 Radford(2004)에서도 허사 *there*가 논항의 속성을 지닌다고 가정하며 허사 *there*가 받는 의미역할을 사건역(Eventive θ-role)라고 주장한다. Collins(2002)에서도 의미역의 관계도 탐침과 목표의 관계처럼 이루어진다. 허사 *there*도 υP의 지정어 위치에 병합될 때 의미역이 포화된다고 주장한다. 허사 *there*가 υ의 지정어 위치에 병합된다는 주장을 수용하면, 비해석성 인칭 자질 뿐 아니라 완전 비해석성 φ-자질과 격 자질을 가지는 명사자질을 가진다.

5.2.3 자질계승과 일치

Chomsky(2005)에 의하면 국면의 핵에 의해 T가 선택되어질 때만 C-T가 하나의 탐침으로서 일치 관계에 참여한다. 따라서 T가 시제나 Φ-자질을 가지지 않은 예외격 구문의 경우는 C에 의해 선택되지 않아 C-T의 연합체로 국면에 적용되는 연산에 참여할 수 없게 된다. C가 T를 선택하여 C-T가 하나의 연합체를 이룰 경우는 예외격 구문과 다르게 국면에 적용되는 연산에 참여할 수 있게 되고 목표어 DP와 일치 관계를 이루면 제자리에 남게 되거나 아니면 T의 지정어의 위치로 이동하게 된다. 병합된 허사 *there* 자신이 탐침자가 되어 T와 일치를 이루기 위해 지정어 위치에 병합된다고 가정한다.

Chomsky(2005)는 논항 일치 자질들 (Agree features)이 국면 핵(phase head=C/υ)에 설정되었다가 논항 일치 핵(=T/V)으로 전이(Transfer)된다는 가설을 제안하였다. C와 υ가 논항 일치의 핵이 됨으로, C와 υ는 국면의 핵도 되고 논항 일치의 핵도 된다고 볼 수 있다. T를 일종의 실사 핵으로 보면, C와 υ는 다 같이 실사 핵의 투사 범주를 보충어로 택하는 기능 핵이라는 공통점을 갖게 된다. 아울러, 논항 일치의 핵은 완전 기능 핵이고, 완전 기능 핵은 자동적으로 확대투사자질도 내포한다.

논항 일치의 핵이면서 국면의 핵인 C와 υ는 자동적으로 XP-이동의 표적(target)이 되기도 한다. 동시에, 국면(CP와 υP)은 범주가 핵이동할 수 있는 범위를 CP와 υP의 사이로 국한시켜 주는 역할도 한다.

Chomsky(2005)에서 연산작용 중 가장 인간언어 본연의 특질은 무한대의 병합 (unbound merge)이라고 주장한다. 그의 주장에 따르면 병합하여 연속적 순환의 국면[90] 단위를 만들어낼 수 있는 체계는 오직 인간언어에만 있는 고유의 특질이다. 병합을 통해 국면이 생성되어 개념-의도: C-I(Conceptual -Intentional) 체계와 감각-운동: S-M(Sensory-Motor) 체계로 사상된다. 특히, 개념-의도 체계에서 요구하는 다양한 표현을 만들어 내기 위해 언어기능은 병합이라는 연산작용을 만들어 내었다. 연산은 효율성의 기반아래 이루어져야 함으로 한번 자질들이 선택되면 새로운 자질을 첨가할 수 없다. 따라서 병합은 항상 외곽에서 이루어지게 되는데 이러한 자질을 외곽자질이라고 한다.

Chomsky(2005)에서 외곽자질에 의한 국면의 생성, 운용은 국면이론을 더욱 간소화시켰다. Φ-자질에 유무에 따라 나누어졌던 강국면과 약국면을 더 이상 구분하지 않고 다음과 같이 정의 한다. T는

---

90) Chomsky (2001)에서 국면은 다음과 같이 정의한다.

Phases should have a natural characterization in terms of IC: they should be semantically and phonologically coherent and independent. At SEM, P and CP are propositional constructions: vP has full argument structure, CP is the minimal construction that includes Tense and event structure, and (at the matrix at least) force. At PHON, these categories are relatively isolable. (Chomsky 2001:22)

더 이상 일치자질(Agree feature)를 자신 스스로 갖지 못한다. 이것은 T가 더 이상 탐침으로서의 역할을 할 수 없음을 의미한다. 이러한 결과로 궁극적으로 T의 지정어 자리인 주어자리에서의 일치와 이동은 국면의 핵에서 기인된다고 볼 수 있다. 일치자질과 외곽자질을 가지고 있는 C의 지정어 자리가 아니라 T의 지정어 자리에 위치하는 것은 논리적으로 맞지 않아 보인다.

이에 대해 Chomsky(2005)에서 이와 같은 국면의 핵과 T의 관계를 C와 T는 함께 하나의 결합체로서 서로 연결되어 있다고 주장한다. 따라서 C+T가 하나의 탐침의 역할을 하게 된다는 주장을 한다. 구체적으로 이를 실현하는 방안으로는 자질이 C+T로 또는 T로의 이동으로 나누어진다.

Chomsky(2007)의 국면 이론에서 T는 더 이상 국면을 이룰 수 없기 때문에 일치의 순환단위가 될 수가 없다. 오로지 T가 C에 의해 선택될 때 C로부터 일치자질과 시제를 계승받는다. 이런 자질 계승 이론은 더 이상 T가 일치 관계에서 EPP와 비해석성 자질을 가지는 영역이 아님으로 이전 일치 관계에서 주장되었던 T의 EPP와 일치를 위한 비해석성 자질은 더 이상 필요하지 않아 보인다. EPP-자질은 국면의 핵인 C와 v^*가 선택하는 어휘 항목에 의해 계승된 일치자질과 외곽자질을 T가 자질을 계승받은 것으로 이전의 EPP 현상에 의해 T의 지정어 위치로의 이동 혹은 병합을 설명하여야 한다.

Chomsky(2000)의 탐침자-목표물의 관계에서 EPP-자질은 이동과 병합을 유발하는 자질이었다. Chomsky(2005)에서 C+T 자질계승에 따라 이동과 병합을 유발하는 원인을 외곽자질로 다음 (75), (76)과 같이 가정하고 있다.

(75) 내부병합에 의한 이차병합을 유발하는 외곽자질은 오직 C와 υ*의 외곽자질이다.[91]

(76) 이차병합을 유발하는 외과자질은 국면의 핵으로부터 일치 자질이 계승될 때 함께 계승될 수 있다.[92]

(75), (76)에 따르면 더 이상 일치 관계에서 EPP-자질 삭제를 위해서 이차병합이 이루어지는 것이 아니라 국면의 핵의 외곽자질에 의해서 유발됨을 알 수 있다. Chomsky(1999)에서 T는 일치 관계의 활성요소인 비해석성 Φ-자질을 가져서 일치 관계에 탐침으로서 참여했다. Chomsky(2005) 국면에서는 국면의 핵에 의해 T가 선택되어질 때만 C+T가 하나의 탐침으로서 일치 관계에 참여함을 설명할 수 있다. T가 시제나 Φ-자질을 가지지 않은 예외격 구문의 경우는 C에 의해 선택되지 않아 C+T의 연합체로서 국면에 적용되는 연산에 참여할 수 없게 된다. C가 T를 선택하여 C+T가 하나의 연합체를 이룰 경우는 예외격 구문과 다르게 국면에 적용되는 연산에 참여할 수 있게 되고, 목표어 DP와 일치 관계를 이루면 제자리에 남게 되거나 아니면 T의 지정어의 위치로 이동하게 된다.

5.2.4 국면의 핵 자질에 의한 새로운 일치분석

Chomsky(2005)의 국면 핵과 T의 관계를 하나의 결합체로서 탐침

---

91) Chomsky(2005): Only C and υ* have EF hat can trigger second-Merge by IM.

92) Chomsky(2005): The inherited EF extends, by some kind of feature-spread, to all T's in the phase.

의 역할을 하며 T는 시제자질만 가진다는 주장을 수용하여 일치에 의한 EPP-자질 삭제와 순환이동이 아닌 국면의 핵의 외곽자질에 의해 일어남을 주장한다. 관련 논항의 이동은 일치가 포함된 이동이며 허사 *there*가 υ의 지정어에 생성되어 일치 자질과 상관없이 국면의 핵의 외곽자질에 의해서만 T로 이동된다고 주장한다.

(77) There are likely to be awarded Several prizes.

(78) [T to] [There] be awarded [several prizes].
[*uP*] [*uC uP*] [3P Plu *uC*]

(77)에서 허사 *there*는 υ의 지정어 자리에 병합된다. Chomsky (2001)에서 허사 *there*가 병합이 되어 스스로 탐침이 되는 가정을 수용하면, 비해석성 자질을 가진 탐침과 완전 φ-해석성 자질을 가진 관련 논항이 성분통어함으로 목표와 일치한다. 하위절은 인상 형용사 *likely*와 병합하여 (79)의 AP를 만든다.

(79) [CP [AP likely [T to] [There] be awarded [several prizes]]].
[*uC* ~~3P~~] [~~3P~~ ~~Plu~~ ~~*uC*~~]

(79)에서 허사 *there*는 비해석성 φ-자질은 *several prizes*의 완전 해석성 φ-자질에 의해 3인칭 값을 부여받고 격 자질이 삭제된다. *Several prizes*은 허사 *there*의 완전 비해석성 φ-자질에 격 자질이 삭제된다. [T to]는 *likely*와 병합해 AP를 만들어서 CP와 연합체를 이루지 못함으로 (80)에서 비해석성 φ-자질과 외곽자질을 가지지 않는다.

(80) [There] [T are] [AP likely [T to]be awarded [several prizes]].
[~~uC~~ ~~3P~~] [~~3P~~ ~~Plu~~] [3P Plu ~~*uC*~~]

AP는 완전 비해석성 자질을 가진 T와 병합한다. T는 CP와 병합해 C+T 연합체를 만들고 국면의 핵 C의 외곽자질과 비해석성 완전 φ-자질이 계승된다. 비해석성 완전 φ-자질을 가진 T는 탐침이 되어 성분통어하는 *several prizes*에 의해서 일치해 값을 부여받고 *several prizes*의 격자질과 삭제된다. 허사 *there*는 계승받은 T의 외곽자질에 의해 T의 지정어 자리로 이동한다. 허사 *there*의 비해석성 인칭자질은 값을 부여받고 삭제된 T와 일치해 삭제된다. T의 값을 부여받은 해석성 자질은 비활성화 조건에 의해서 허사 *there*와 일치할 수 있다. 허사 *there* 구문에 나타난 문제점으로 EPP와 허사의 생성위치를 제시하였으며, υP 구조에 허사 *there* 병합시켜 격자질을 가짐으로서 허사 *it*과 설명적 일관성을 지닌다. 허사 *it*과 허사 *there*의 차이는 전자는 비해석성 자질이 병합에 의해 3인칭과 단수의 값을 가지고 삭제되지만 후자는 일치에 의해 비해석성 자질에 값을 부여받고 삭제된다.

6

국면 운용 문법 원리와 언어학습

문법학습은 보편적 문법원리에 의해 결정되는 구조적 측면에 대한 학습이 아닌 오히려 언어특유의 차이를 보이는 매개 변인화된 문법 측면에 의해 제한되어진다. 이와 같이 영어와 매개 변인간의 차이를 보이는 모국어를 가진 학습자들은 영어를 습득하는데 어려움을 갖게 된다. 이것은 학습자들의 습득단계에서 고정화 현상으로 나타나기도 한다. 이는 학습자들이 목표어의 습득을 완전히 하지 못하고 언어 발달이 멈추어진 상태를 말한다.

6.1 제2 언어학습자와 국면

제2언어 학습자들이 어떻게 목표어 문법을 구성하는지, 그러한 문법 구성에는 어떤 과정이 관련되는지, 그리고 제2언어 습득과정에서 모국어의 역할은 무엇인지에 대해 연구 실험을 통해 매개변인 재고정에 대한 긍정적인 결과를 살펴보자.

변길자(2006)의 제2언어습득 연구는 주어탈락, 주어-동사 도치, 한국어에는 존재하지 않는 *wh*-이동을 학습자들이 어떻게 수행하고 있는지를 중점을 두어 실험을 하였다. 영어습득을 위해 이미 언급한 부분들에 대한 매개변수 재고정이 가능한지를 중학교 30명, 고등학교 3학년 20명, 대학교 2학년 18명, 대학교 4학년 10명, 영어 모국어 화자 통제 그룹 5명을 대상으로 실험을 실시하였다. 실험과제는 위에서 제시한 문법특성들을 포함한 문법판단 과제로서 지시대명사가 탈락된 비문법적인 문장들, 비지시 대명사의 탈락, 주어-동사의 도치, *that* 보문소가 있는 종속절에서 종속절 주어가 문장 앞으로 전치되었지만 *that* 보문소가 그대로 남아 있는 경우, 종속절의 주어가 이동한 후 *that*이 없는 문장, 혹은 종속절에서 목적어가 적출될 때, 주어- 동사의 어순에 관한 문항들로 구성되었다.

(81) Who do you think is the best player?

(81)에서처럼 *wh*-이동이 CP의 지정어 자리로 이동하는 과정에서 흔적을 남기고 바로 상위의 Q 자질이 관련종류의 가장 가까운 부분

의 요소를 끌어당겨 *who is the best player*로부터 *who*를 C의 위치로 이동시킨다는 수행에 어려움을 겪게 된다. 지금까지 살펴본 문법적 특성들은 한국어화자들이 고정화되기 쉬운 부분들이라는 점을 변길자(2006)의 실험을 통해 확인 할 수 있었다. 그의 연구 결과에 따르면 첫째, 문법판단 과제에서 옳게 반응한 비율은 피험자의 능력의 단계가 높을수록 영어 모국어 화자에 가깝게 반응했다. 주어 탈락과 주어-동사 도치 구문에서는 다른 결과를 보여 주었지만 중3과 대학 초급반은 도치 문장을 더 잘 판단했으며 고3과 대학교 고급반은 주어 탈락문장을 더 잘 판단했다. *that*-t 구문, *wh*-이동 구문은 모든 피험자들이 어려워한 것으로 나타났다. 둘째, 한국어에 없는 비지시 대명사의 사용을 어려워했으나 한국어에 있는 지시 대명사에 한해서 옳게 판단한 결과로 보아 모국어인 한국어가 영향을 미치고 있음을 짐작할 수 있었다. 셋째, 문장의 복잡성과 어휘는 언어 능숙도에 영향을 준다. 넷째, 피험자들은 위의 문법사항들에 비슷한 발달 양상을 보여 주었다. 다섯째, 문법판단 과제를 통해 한국어 피험자들은 영어와는 다른 주어 탈락과 도치구문에서 초기에는 무표적 어순을 선호하다가 점차 영어어순에 맞게 재고정한다는 것이다. *that*-t 구문인 *wh*-구문에 대해서는 구문상의 복잡성으로 인해 다른 문법사항들보다 어렵게 습득하는 것으로 나타났다.

변길자(2006)의 매개변인 재고정을 위한 실험을 통해 알 수 있었던 중요점은 학습자들이 습득의 초기에는 무표적인 주어탈락과 동사-주어 어순으로 도치된 문장을 선호하다가 능력이 발달하면서 영어의 매개변인에 재고정 되어간다는 것이었다. 변길자는 실험연구 결과를 통해 결정적 시기 이후에도 매개변인 재고정이 가능함으로 언어습득의 결정적 시기이론이 적절하지 못한 것으로 말하고 있다. 그러므로 지금까지 살펴본 Birdsong(2005)의 고정화는 교정할 수 있는 가능성이 있다는 견해와 변길자(2006)의 매개변인 재고정 가설과 같은 견해들은 EFL 성인학습자들도 고정화된 어순을 완화할 수 있다는 가정을 할 수 있는 근거를 마련해주고 있다.

6.2 국면 운용 원리에 따른 어순

언어 학습자는 목표어의 이해와 생산의 기초가 되는 추상적인 언어 규칙들의 체계를 구축하며 외부로부터의 즉, 언어입력을 통해서 영향을 받는다. 또한 내부로부터의 영향인 생략을 하거나, 과잉 일반화시키는 오류, 전이의 오류 등이 발생한다. 또한, 학습자의 문법은 과도기적 특성을 갖고 있기 때문에 규칙을 첨가하거나, 삭제하면서 전체적으로 규칙을 재구성하면서 학습자들은 그들의 문법을 변화시킨다고 한다. 중간어 체계는 동질적이어서 다양성이란 학습자들이 의사소통을 하려고 노력할 때 범하게 되는 실수라고 설명하기도 한다. 학습자들은 중간어를 발달시키기 위해 학습전략을 사용하는데 예를 들면 생략오류는 학습자들이 아직 습득하지 못한 문법적 특징들을 무시함으로써 학습과업을 단순화시키는 현상이며 과잉일반화나 전이 역시 학습전략을 사용한 것이라고 한다. 이러한 과정을 겪으면서 학습자의 문법은 고정화되기 쉬운 것이다.

앞서 언급한 바와 같이, Selinker(1972)는 학습자의 5%정도만이 모국어 학습자와 같은 수준의 심리문법을 얻게 되고 대다수의 학습자들은 부족한 상태로 멈추게 되며 이 단계를 고정화라고 말할 수 있으며 고정화는 제1언어 학습에서는 발생하지 않고 제2언어 문법에서만 나타난다고 한다. Selinker(1972)는 목표어 학습에 나타나는 언어전이, 훈련에 의한 전이, 제2언어 학습 전략, 제2언어 의사소통 전략, 목표어 언어자료에 대한 과잉일반화 등의 5가지 단계가 학습자들의 목표어 학습과정에서 고정화를 만들어 낸다고 한다. 이와 같이 고정화된 학습자들의 언어지식은 학습자들이 극도의 흥분, 불안 상태나 때때로 아주 편안한 상태, 새롭고 어려운 문제를 접했을 때 복귀현상을 나타낸다고 한다. 이는 분명한 오류이며 우연이나 모국어 체계로 복귀하는 것은 아닌 중간어의 체계로 접근하는 것이라고 한다. 이러한 복귀현상은 학습자의 발달이 초기단계에 보여주는 발화상의 오류를 반복하는 전형적인 모습을 말한다. 예를 들면 모국어가 터어키어인 학습자(Turkish-speaking learner)가 *I listened a concert yesterday*라는 표현을 사용한 뒤 일정 시간이 경과한 뒤 다른 상황에서 *I listened to a concert yesterday*를 사용한다. 이번에는 유사한 상황임에도 불구하고 *I listened a concert yesterday*를 사용한다. *to a concert yesterday*라는 국면구성에 실패한 예로 핵이 되는 *to*를 초기에는 사용하지 못하다가 학습에 의해 사용할 수 있게 되었지만 비계획적인 상황에서 다시 초기의 단계로 학습자의 표현이 복귀한 것이다.

어순고정을 다음과 같이 정의할 수 있다. 첫째, 어순고정을 총체적 고정화 (global fossilization)와 국부적 고정화 (local fossilization)으로 구별하여 고정화를 정의하였다. 고정화가 총체적인 중간어에 영향을 미치는 경우는 전체적 학습의 중단이라고 설명하였으며 특별한 하위 영역에 영향을 미치는 경우, 예를 들어 특정

구문 혹은 과거시제 표현등과 같은 세부적이고 부분적으로 고정화가 나타나는 현상을 국부적 고정화로 분류하였다. 둘째, 산출물(product)과 처리과정(process)으로 고정화를 설명하였다. 산출물로 보는 관점에서는 영구적으로 발달이 정지된 상태로 보는 것이고 처리과정의 관점에서는 발달중지 상태에 있으며 도달점을 향해 가고 있는 과정으로 보는 관점이다. 셋째, 고정화에 대한 적절한 실험을 통한 설명은 어떤 것인지에 관한 문제이다. 많은 연구가들은 성인의 중간어에 나타나는 고정화된 구조들을 연구해왔는데 그 예로 Thep-Ackrapong(1990; discussed in Long, 2003; Han, 2004b)는 Lin을 1학기 동안 교육하면서 관찰해 왔다. 1년 뒤의 학습결과에 대한 변화가 없었다. 이는 이미 고정화된 증거로 해석될 수 있다. 그러므로 관찰기간과 관계없이 Lin에 대한 실험 결과는 고정화의 증거로 채택될 수 있다는 것이다. Han(2004b)는 제2언어습득과 고정화를 모국어의 특성이 무표적이며 학습자의 목표어가 우세한 언어 특성을 갖지 않은 상태일 때 고정화가 이루어졌다고 설명하고 있다. 이와 같이 Selinker(1972)등 많은 연구자들(Long 1990; Sorace 1993; Kellerman 1995; Gregg 1996; Schachter 1996)은 일반적으로 사춘기 이후의 학습자들은 원어민과 같은 수준의 목표 언어습득은 불가능하며 Selinker(1972)가 주장한 5% 정도의 학습자만이 가능할 뿐이라는 비관적인 견해를 주장하고 있다. 반면에 Birdsong(1999, 2004)와 다른 연구자들은 이들의 견해는 지나치게 보수적이라고 주장하고 있으며 White & Genesee(1996)은 성인 학습자들도 원어민과 같은 능력을 습득하는 것이 가능할 수 있다고 말하고 있다.

6.3 국면과 어순변이 재해석

Birdsong(2005)은 외국어 습득에 관한 견해를 결정적 시기 가설과 관련하여 원어민같음(nativelikeness)과 원어민같지않음(non-nativelikeness)의 용어를 사용하여 설명하고 있다. 원어민과 같은 정도로 습득이 가능한지 아닌지의 판단은 명확한 평가 기준과 일관된 증거가 제시되어 있지 않기 때문에 원어민과 같은 정도로 습득이 이루어졌는지 아닌지를 판단하기 어렵다고 주장한다. 결정적 시기이후, 즉 16세 이후에 영어를 외국어로 학습하는 학습자들은 원어민과 같은 완전한 습득(ultimate attainment)이 불가능하다고 단정 지어 말할 수 없다고 한다. 단지 완전한 습득을 하기에 제약이 따른다는 점은 부인할 수 없지만 Birdsong(2005)은 16세 이후 영어 학습을 시작한 학습자들의 잠재성을 인정하고 있다. 일반적으로 시기가 늦은 (post-pubertal) 학습자들에 대해서 결핍 모델 (deficit model)이라는 용어를 사용하여 결정적 시기 이후 학습을 시작한 학습자들은 목표어 원어민과 같은 정도의 습득은 불가능하다고 받아들여지고 있다. 그러나 이는 판단기준을 완전히 원어민과 같은 습득의 관점에서 본다면 결핍 모델로 설명하는 것이 전형적인 설명이다. 그 판단 요인은 학습을 위한 연령이다. 그러므로 L1에서 습득하는 정도까지는 도달할 수 없다고 주장하는 것이다. 그러나 Birdsong(2005)는 원어민의 관점에서 판단하지 않는다면 결정적 시기나 고정화 현상은 문제가 되지 않는다고 보고 있다. 학습자들은 자신의 모국어와 목표어 두 개의 언어로부터 모두 영향을 받고 있기 때문이다. 예를 들어 이중언어 사용자 역시 모국어가 아닌 언어습득에서는 원어민과 유사한 정도로 습득할 뿐 원어민과 동일한 정도의 습득은 불가능하다.

Bley-Vroman(1989) 역시 늦게 학습을 시작한 학습자는 원어민과 같은 정도까지의 습득은 어쩔 수 없이 실패할 수밖에 없다고 말하고 있다. 그렇지만 습득의 가능성을 판단하는 기준이 원어민 관점에서 이루어지기 때문에 고정화 현상의 완화나 치료를 불가능한 것으로 주장하고 있는 것이라고 말하고 있다.

Birdsong(2005)은 영어가 모국어이고 프랑스어가 제2외국어인 가상의 인물 Charles를 예로 들어 원어민 같음과 원어민 같지 않음을 설명하고 있다. Charles는 파리에 거주하기 시작하면서 끊임없이 프랑스어 환경에 노출되고 있었으며 심리언어학적 종합테스트에서 원어민과 같은 언어 표현능력을 갖고 있는 것으로 인정받았다. 그러나 어느 날 일을 하다가 커피를 쏟았는데 그는 *Aie!* 대신에 *Ouch!*라고 외쳤다. 이것이 비원어민 같은 언어학적 행위로 평가되었다. 그러나 이를 학습능력의 부족으로 설명할 수는 없다. 또한, 이중 언어 사용자임에도 불구하고 각각의 언어에 대해 두 언어의 모든 측면에서 동일한 정도의 언어 능숙도를 보여줄 수는 없는 것이다. 그러므로 단일 언어사용을 하는 원어민의 능숙도와 외국어의 그것과는 차이가 있으며 이것은 학습의 실패가 아니다.

Marinova-Todd(2003)는 다양한 모국어를 갖고 있으며 16세 이후 혹은 그보다 더 늦게 학습을 시작한 30명의 피실험자에게 9가지 과업을 실행하도록 했다. 영어 발음 2가지, 어휘 지식 2가지, 형태구문관련 3가지, 나머지 2가지는 언어의 전반적 사용면을 시험했다.

그 결과 10%정도의 피실험자는 모든 항목에서 원어민과 차이를 보이지 않았으며 20%는 9가지 중 7가지 항목에서 원어민과 같은 정도의 완전 습득의 언어수행의 결과를 보여주었다. 비록 모두가 완전한 학습의 결과를 보여주지는 않았지만 학습자의 잠재능력을 고려한다면 적성과 태도, 모국어와 목표어 짝 만들기, 목표어 원어민과의 상호작용의 양과 같은 변수에 초점을 두어 습득의 영역을 세분화하여 일정 조건의 반복 과업과 같은 훈련을 통해 학습을 개선할 수 있다는 것이다. 외국어 습득의 우세성은 학습 처리과정과 관계가 있으므로 다양한 처리과정과 능숙도를 통해 목표어 원어민과 같은 언어수행능력을 할 수 있는 가능성이 있다고 주장한다. Birdsong(2005)은 목표어 습득정도 진단과 관련된 고정화의 진단기준 자체에도 일관성이 없다는 주장을 하고 있다. 고정화에 관한 진단 역시 원어민의 기준에서 출발하여 학습자를 진단하는 것에 반대의견을 제시하고 있다.

Adams & Ross-Feldman(2003)은 어린 영어 학습자, 성인 영어 학습자, 영어 원어민 화자 3집단을 대상으로 문법 판단 실험을 한 결과 원어민 역시 오류를 범하고 있었다고 한다. 형태론과 어순 위배에만 초점을 두었던 Johnson et al.(1996)과는 달리 굴절, 인칭 수의 일치, 축약등 사회적 맥락까지를 고려한 질문을 통해 실험을 실시한 결과 원어민은 Johnson et al.(1996)의 질문에 포함되지 않았던 굴절, 인칭 수의 일치, 축약에서 오류를 보여주었다. 즉 섬세한 통사 특성을 포함하고 있을 때 원어민의 판단이 불확실한 경향이 있고 성인학습자들은 영어문법이 유연한 감성적인 부분에서 더욱 안정성을 나타냈다. 그러므로 문법의 확실성과 불확실성은 문법의 일반적 특징이 아니라 모국어와 목표어의 문법 내의 국부적 현상일 뿐이다.

Birdsong(1992)은 문법이 영구적으로 원어민 같지 않은 상태로 남아 있을지도 모르지만 고정화되어온 실체는 유동적이며 고정되지 않은 것이므로 성인영어학습자들도 원어민과 같은 언어능력을 획득하는 것은 가능하다는 결론을 제시하고 있다.

6.4 CP 국면 활용 의문문 어순구조 학습

영어 학습자들이 모국어에 관해 완벽한 지식체계를 갖추고 있다는 사실을 고려한다면 예를 들어 White(1985)는 스페인어 원어민 화자들은 일본인 학습자들보다 이탈리아어를 더 쉽게 배우게 되며 이는 언어간의 통사적 특성관계가 외국어 습득에 영향을 주고 있다는 한 예로 지적하고 있다. 이와 같은 맥락에서 살펴보면 영어통사구조 중 *wh*-구문은 한국어에는 존재하지 않는 구문으로 피실험집단인 한국 성인 학습자들이 *wh*-구문의 어순구조를 올바르게 표현하는데 어려움이 있으며 학습자들의 *wh*-구문의 어순이 고정화되기 쉬운 요인으로 판단할 수 있다.

(82) *Why he is so upset?

(83) *Do you think who Mary loves?

Wh-구가 본래의 위치로부터 CP구조의 지정어자리로 이동하여 *wh*- 의문문 구조를 만들게 된다. 위 문장 (82)와 (83)은 피실험자들이 보여준 고정화된 표현들이다. 문장 (82)의 경우 *is*는 T는 위치로부터 C의 위치로 핵이동이 이루어져야 하는데 이러한 이동을 수행하

지 못하고 비문을 그대로 사용하고 있는 문장이다. 문장 (83)에서 *who*가 본래의 위치에서 CP의 지정어 위치까지 이동하지 않고 VP 내의 CP의 지정어로 이동한 후 최상위의 CP의 C가 갖고 있는 [WH, EPP]자질에 의해 다시 한번 상위의 CP 지정어 자리로 이동하게 된다. 그러나 문장 (83)에서 모국어에 부재한 통사구조이기 때문에 학습자들이 *wh*-단어의 이동이 복잡해질 때 올바른 문장을 생성하기 어렵다는 점을 발견할 수 있다. 영어 학습자들이 영어통사구조에 대한 지식을 습득하여 의도적으로 학습하는 과정을 거치면서 고정화된 부분들을 재구성할 수 있게 되는 효과를 가져 올 수 있다는 점을 발견할 수 있었다. 영어 학습자들의 경우 결정적 시기 이전의 아동들의 학습방법과는 달리 이미 모국어 통사원리를 완전히 습득한 상태이다. 또한, 외국어인 영어 학습의 초기 단계에서는 새로운 지식의 변이형으로 학습하는 단계이다. 그러므로 영어 학습자들이 보여준 어순 고정화 현상을 완화시키기 위해 영어 어순형성에 대한 국면관련 지식을 학습시키는 과정이 필요하다.

6.5 문법 오류와 모국어 정보 전이

모국어의 간섭현상에 의한 오류는 영어 문법오류의 약 50% 정도의 영향을 미치고 있다한다. 그러나 다른 한편으로는 과일반화 또한 학습자들의 오류를 발생시키는 큰 요인이 된다. 즉, 모국어의 간섭현상과 학습과정에서 발생하는 학습자들의 과일반화의 결과로서 어순고정화가 나타나게 되는 것이다. 그러므로 학습자의 모국어와 목표어가 유사한 언어특징을 갖고 있는 경우 모국어를 긍정적으로 전이할 것이고 상이하다면 부정적인 전이를 하게 될 것이다. 이미 일정 기간의 학습을 통해 영어문법에 대한 지식을 갖고 있는 성인학습자들이라 할지라도 모국어가 한국어인 성인 학습자들에게는 모국어의 어순 특성이 올바른 영어문장을 판단하거나 만들어내는데 부정적 영향을 주었음을 확인할 수 있었다. 먼저 모국어의 어순 구조가 영어문장 표현에 영향을 주고 있는 예들을 살펴보도록 하자.

(84) *Studying at the university for two year.

(85) *John seems it is certain to be here.

(86) *He said me that he was busy.

문장 (84)에서 한국어 문장을 영어로 작문하는 과제 수행에서 주어를 생략하고 표현하는 오류를 보여 주고 있다. 한국어의 경우 주어가 외현적으로 나타나지 않더라도 의미적 주어를 유추할 수 있기 때문에 문법적으로 올바른 문장이지만 영어문법에는 맞지 않는 문장이다. 문장 (85)의 경우 대명사 *it*과 보문소 *that*을 포함하는 문장배열에서 많은 학습자들이 수행에 오류를 보여 주었다. 문장 (86)에서는 동사 *say*의 목적어로 *me*와 *that*을 포함하는 절을 동시에 사용할 수 없음을 판단하는데 어려움을 보여 주었다. 모국어 전이로 인한 주어를 생략하는 현상의 또 다른 예로서 White(1985)의 자료를 살펴보면 대명사를 생략하는 모국어를 가진 스페인어와 이탈리아어 사용 학생들의 자료에서도 모국어전이현상이 발견된다. 주어가 생략된 영어문장인 *Is my sister. Went to church.*가 옳다고 여기는 학습자들이 많았다. 이러한 현상들은 외국어로서 영어를 배우는 성인학습자들의 어순이 일단 모국어의 부정적 전이 현상으로 인해 고정화될 수 있다 점을 증명해주는 예들이다. 다음으로는 White(1985)의 실험결과 자료에서 학습자들의 과잉일반화 현상을 발견할 수 있다.

(87) Who do you want to feed the dog?
(88) *Who do you wanna feed the dog?
(89) Who do you want to win the race?
(90) *Who do you wanna win the race?

문장성인의 경우는 이미 체계화된 학습자들의 모국어체계가 영어 습득에 관여될 수밖에 없으며 외국어인 영어의 새로운 변이형태로서의 과잉일반화된 표현을 생산하게 되면 이것은 성인학습자들의 영어 어순 구조에 고정화를 일으키는 중요한 요인들이다. (87), (89)에 대해 (88), (90)에서와 같이 학습자들은 축약을 사용하는 예를 보여주고 있다. *who*가 이동한 후 비어 있는 *want*와 *to*사이를 축약하여 *who do you want*는 더 이상 *to feed the dog*이나 *to win the race*에 영향을 줄 수 없는 상황이다. 그러나 *I am gonna feed the dog / I wanna win the race*의 문장들에서 축약형 *gonna/ wanna* 와같이 문장 (88), (90)에서 표현을 과일반화시킴으로써 비문법적인 문장을 표현하고 있는 것이다. 이미 모국어의 완벽한 어순구조가 체계화된 상태에서 성인들이 모국어가 아닌 영어를 배운다는 것은 어린아이가 영어를 배우는 차원과는 매우 다르다.

7

국면활용과 언어학습

본 7장에서는 국면을 구성하는 연습을 하기 위한 전략으로 첫째, TP 지정어로의 이동 활용전략, 주어와 관련된 올바른 동사와 시제를 사용하도록 연습하는 전략을 제안한다. 둘째, 문장의 성분요소 T에서 C로의 이동과 V에서 T로의 이동 특성을 활용한 핵이동을 통해 동사의 이동관계와 시제, 조동사도치 문형들을 연습시킨다. 셋째, 보문소나 한정사 같은 기능핵의 보어가 핵의 이동 없이 혼자서 이동할 수 없다는 기능핵 전치원리를 활용한 연습전략을 제시한다. 넷째, 국부적 영역에 한정되는 국면불침투조건을 활용하여 국면을 구성하는 구성소들을 올바르게 배열하도록 하는 전략을 제시한다. 이러한 네 가지 전략은 문장의 핵이 되는 성분요소들을 배치하고 일치시키는 과정을 통해 고정화된 영어문장의 어순 고정화현상을 완화할 수 있도록 제안하고자 한다.

7.1 v*P 국면 구성을 활용한 어순 학습전략

주어는 동사의 논항으로서 동사구 내에서 생성되어 TP의 지정어 자리로 이동해온 것이라는 가정 하에 주어가 TP 지정어로 이동하는 활용전략을 통해 v*P를 구성하는 과정에서 주어와 관계된 동사 활용 문제를 학습자들이 학습할 수 있도록 연습시키는 전략이다.

(91) Some students should get distinctions.

문장 (91)의 *some students*는 본래 VP의 지정어 자리로부터 TP의 지정어 자리로 이동해 온 것으로 다음과 같은 이동을 수행한 것이다. 저 이러한 연습을 통해 본래 주어는 동사구 내부에 위치하고 있었으며 표현을 위해 TP의 지정어 위치로 이동함을 인지시킨다. VP의 지정어 위치로부터 왼쪽의 가장 근접한 상위 지정어 위치로 이동하여 문장의 주어 역할을 하게 되는 문형들에 대한 반복적인 연습은 영어문장 어순을 올바르게 구성하는 방법에 대한 학습을 가능하게 한다. 또한, 두 개 이상의 논항이 들어 있는 좀 더 복잡한 문형들도 연습과정에 따라 확장하여 학습할 수 있게 한다.

(92) *a dictionary buy for me I.

(93) *The glass filled with water.

위의 문장 (92)의 경우와 같이 타동사 문장에서의 주어 배치와 문장 (3)의 주어를 동사구 내에서 TP의 지정어 자리로 이동시키는 과정에 동사가 두개의 경우인 문장들을 연습시킨다.

7.2 국면 도치에 의한 어순 학습전략

영어의 어순구조의 단위로 제시된 국면구조 구성이 학습자들에게는 가장 어렵다는 점이 이미 확인되었듯이 모국어와 목표어의 어순구조 차이를 극복하기 위해서는 국면구성의 기본 원리 이해가 가장 중요하게 여겨진다. 그러므로 올바른 어순구조를 만들기 위해서는 국면구성의 기본 조건인 국면불침투조건(Phase Impenetrability Condition: PIC)에 대한 이해가 필수적으로 고려되어야 한다. 학습자들이 국부적 운용을 주지시키는 국면불침투조건을 활용하여 CP를 구성하는 구성소들을 올바르게 배열하게 하는 연습을 통해 어순 고정화 현상을 교정할 수 있다는 가정에서 출발한 전략이다.

문장의 성분요소 T에서 C로의 이동과 V에서 T로의 이동 특성을 활용한 핵이동을 통해 동사의 이동관계와 시제, 조동사도치 구문들을 연습시킨다.

(94) *if stops I will go out the rain.

(95) *I if will come he don't know.

(94)에서 국면을 구성하기 위해 *if*를 먼저 C의 위치에 사용하고 보어를 만들기 위해 *if the rain stops*의 형태로 TP와 결합하여 CP를 구성해보는 연습을 하도록 한다. 문장 (95)의 경우는 CP가 보어로 사용되는 예로서 *I don't know*의 상위의 CP를 구성하는 연습과 보문으로 *if he will come*을 구성하여 *I don't know if he will come.*의 문장을 만드는 연습을 한다. 다음으로 T의 위치에서 C의 위치로 조동사를 도치하여 문장을 구성하는 연습을 한다. (95)의 *will*은 T의 위치에서 C의 위치로 이동하는 핵이동을 한다. 본래위치의 *will*은 복사와 삭제의 과정을 거쳐 C의 위치로 이동하여 올바른 의문문을 구성하게 된다는 것을 전략 연습을 한다. 이러한 핵이동은 또한 연속적으로 핵의 본래 위치에서 가장 근접한 상위의 핵위치로 이동해가는 연속주기(successive-cyclic) 방법으로 적용될 수 있다는 점을 인지하고 연습을 통해 국부적 이동의 위치를 인지할 수 있도록 학습하도록 한다.

7.3 국면전치 원리 활용 어순 학습전략

기능핵 전치원리를 활용한 전략은 보문소나 한정사 같은 기능핵을 갖는 구가 이동할 때에는 기능핵과 함께 이동해야 한다는 원리를 활용한 연습전략이다. 다음을 살펴보자.

(96) *First place in the contest, nobody expected that he won the

(97) *The FBA would assassinate the king of Ruritania, nobody had expected that (Radford, 2004a)

문장 (96), (97)은 비문법적인 문장들이다. *The first place in the contest*의 형태로 DP 전체가 이동되는 경우는 가능하지만 기능핵어 *the*를 동반하지 않고는 이동이 불가능하다. 마찬가지로 문장 (97)에서도 보문소 *that*을 남겨두고 이동할 수 없으므로 비문법적인 문장이 되는 것이다. 이러한 문장의 어순구성 원리인 기능핵 전치원리를 활용한 전략을 사용하여 어순 재구성 연습을 하도록 한다.

7.4 PIC을 활용한 어순 학습전략

2장과 3장에서 다루었던 국면불침투조건을 활용하여 CP를 구성하는 구성소들을 올바르게 배열하여 문장을 구성하는 전략이다.

(98) *If he is rich they wonder.

(99) It is said that we have taken bribes. (Radford, 2004a)

문장 (98)에서 *if he is rich*는 CP를 이미 구성한 형태이기 때문에 상위의 *they*에 의해 일치될 수 없다. 또한 문장 (99)의 경우도 *that we have taken bribes*가 *it*과 일치하지 않게 된다. 각각은 이미 CP 국면구조를 형성한 상태이고 전이 과정이 이루어져 더 이상 외부 탐색자의 목표어가 될 수 없는 것이다. 이러한 원리를 활용한 전략을 통해 복잡한 구조를 가진 문장들을 국면구조를 이용하여 올바른 문장을 구성할 수 있도록 한다.

7.5 국면 CP 지정어로의 어순 학습전략

Wh-이동 활용 완화 전략으로는 *wh*-구문을 CP지정어 위치로 이동하여 문장을 구성하는 Spec-CP로 이동 활용 전략과 동반이동원리를 활용한 전략으로 *wh*-구가 포함된 가장 작은 최대투사인 *wh*-구 전체가 이동해야한다는 원리를 활용하여 *wh*-구가 포함된 구로 형성된 문장 연습을 할 수 있도록 한다. 마지막으로 근접유인 원리를 활용한 전략으로 특정 유형의 성분 C를 유인하는 핵이 그것을 성분통어하는 가장 가까운 C를 유인하는 조건을 활용한 전략을 통해 올바른 어순 구성을 할 수 있는 연습을 할 수 있도록 한다. 여기서는 *wh*-이동을 활용한 어순고정화 완화 전략 활용의 내용들을 제안하고자 한다. *wh*-구는 도치된 조동사 보다 선행하는 CP의 지정어 위치로 이동된다. 조동사들은 이미 CP의 핵인 C에 위치해 있고 의문사는 본래 VP내의 V의 보어 위치에서 CP의 지정어 자리로 이동한 것이다. 그러므로 최초의 위치에서 복사과정을 거쳐 이동 후엔 삭제의 과정을 거쳐 표현되는 것이다. 조동사는 이미 T로부터 C로 핵이동을 하였고 다음 순서로 *wh*-구가 CP 지정어로 이동하고 있다. 이와 같이 *wh*-구가 사용되는 문장에서는 반드시 CP 지정어 위치로 이동이 이루어진다는 문장 구조를 전략적인 연습을 통해 학습하도록 한다.

다음과 같은 유사한 문형들을 위의 전략에 의해 의도적으로 성인학습자들을 연습시켜 어순 고정화를 완화할 수 있도록 한다.

(100) *do you think he did What?

(101) *do you think he is going Where?

문장 (100), (101)과 같은 의문문을 재구성하는 연습을 함으로써 성인학습자들이 *wh*-의문문에 대한 문장구조를 습득할 수 있게 한다. 그러나 모든 경우가 *wh*-구로만 사용된 경우가 아닌 *wh*-구를 포함한 구의 경우에 필요한 전략을 다음에서 살펴보도록 하겠다.

관계대명사인 *wh*-구의 경우 역시 위의 과정과 동일한 과정을 거치지만 감탄문의 경우와 같이 [TNS] 자질이 없기 때문에 조동사의 도치는 일어나지 않는다. 전치사 구를 동반한 경우 *of whom*과 함께 이동하게 된다. 이와 같은 동반이동전략을 통해 *wh*-구가 포함된 QP의 이동이 이루어져 문법적으로 올바른 문장을 만드는 연습을 할 수 있도록 한다.

7.6 국면 근접유인 원리활용 어순 학습전략

올바른 문장 도출을 위해 국면의 근접유인 원리를 활용한 전략을 연습하게 한다. 특정 유형의 성분 C를 유인하는 핵이 그것을 성분통어하는 가장 가까운 C를 유인하는 조건을 활용한 전략을 통해 올바른 어순구성을 할 수 있는 연습을 할 수 있도록 하는 것이다. 이 원리는 [WH, EPP]자질을 가진 C가 그것의 구조내의 가장 가까운 *wh*-구를 목표로 삼는다는 근접 이론에서 비롯된 것이다.

근접유인 원리를 활용한 전략이 필요한 이유는 *wh*-단어구가 한 문장 내에 두 개 이상 들어있는 문장의 경우 모두 CP의 지정어 자리로 모두 이동하지 않기 때문이다. Radford(2004a)는 이와 같이 다중 *wh*-의문문(multiple *wh*-questions)의 경우를 다음 예문을 제시하여 설명하고 있다.

(102) a. He might think who has done what?
 b. *What might he think who has done?
 c. *Who what might he think has done?
 d. *What who might he think has done?
 e. Who might he think has done what?

(102a)와 같은 반향의문문 (echo-questions)형식에서 (102b), (102d)의 *what*이 아닌 *who*가 문장의 맨 앞으로 이동하는 이유는 근접유인 원리에 따른 것이다. C가 가진 [TNS] 자질이 *might*를 T에서 C로 이동하게 하고 [WH, EPP]자질이 *wh*-구를 CP의 지정어 위치로 이동하게 한다. *who*가 *what*보다 C에 더 가까이 있기 때문에 C가 성분통어하는 가장 가까운 *wh*-구는 *who*이다. 그러므로 이러한 원리에 의해 *what*이 아닌 *who*가 CP의 지정어 위치로 이동되어야한다.

국면을 활용한 완화전략, *wh*-이동을 활용한 완화 전략 등을 바탕으로 올바른 문장 도출을 위한 세부 전략들을 살펴보았다. 이를 활용한 학습과정을 거친 후 학습자들은 영어 어순재구성을 통해 사후 문법판단 진단시험에서 동사, 시제, *wh*-문장 등에서 긍정적인 변화를 보여주었다. 이러한 세부항목들은 어순구성의 바탕이 되어 전체적으로 영어문장 구성에도 변화를 보였음을 실험을 통해서 확인할 수 있었다.

7.7 Pied-Piping 원리를 활용한 어순 학습전략

다음은 두개 이상의 단어로 구성된 *wh*-구인 경우 동반이동원리(pied-piping principle)[93]를 활용한 전략을 사용한다. *Wh*-구가 포함된 가장 작은 최대투사인 *wh*-구 전체가 이동해야 한다는 원리를 활용하여 *wh*-단어가 포함된 문장을 연습할 수 있도록 한다. 또한 문장 내에 다중의 *wh*-단어가 포함된 경우 근접유인 원리(Attract Closest Principle)[94]를 활용하여 특정의 성분 C를 유인하

---

93) 동반이동(pied-piping)은 어떤 한 성분이 이동할 때 하나 또는 그 이상의 다른 성분들을 동반하여 이동하는 과정이다 (Radford 2004b: 211).

a. They asked [*who* he was referring **to**].

b. They asked [**to** *whom* he was referring].

위 a, b의 경우 *who*는 전치사 *to*의 보어(complement)이다 그러나 a의 경우 문자의 뒤에 *to*를 남겨두고 이동하였다 반면에 b의 경우는 *to*와 함께 이동하였다. 비형식적인(informal styles) 문장에서는 a가 선호되지만 형식적인 문장(formal styles)에서는 b문장의 과정을 선호한다. 이와 같이 *wh*-단어가 다른 성분들을 동반하여 이동하는 것을 동반이동이라고 한다.

94) Radford(2004a: 166)에서 근접유인 원리(Attract Closest Principle:

는 핵이 그것을 성분통어하는 가장 가까운 C를 유인하는 조건을 활용하여 어순을 구성할 수 있도록 한다. 모든 경우가 *wh*-단어로만 사용된 경우가 아니므로 *wh*-단어를 포함한 구의 경우도 고려해야만 한다. 먼저, 동반이동 원리를 활용하여 *wh*-문장에서 *wh*-구가 포함된 가장 작은 *wh*-구 전체가 이동해야 한다는 문장구조 원리를 학습자들이 학습할 수 있도록 돕는다.

Radford(2004a)는 *wh*-구가 있는 문장에서는 동반이동 원리가 필요함을 다음과 같이 설명하고 있다.

(103) *Done which assignment has he?
(104) Which assignment has he done?

위의 문장들 (103)과 (104)에서 *which*만을 이동시키거나 문장 (103)의 경우처럼 문장의 VP 구성성분인 *done which assignment*를 이동시키는 경우에는 비문이 만들어 진다. 그러므로 C의 확대투사원리자질이 CP의 지정어 위치에 *which assignment*가 이동하는 최대투사가 올 것을 요구하기 때문에 문장 (14)의 경우처럼 *which assignment*가 이동을 하면서 C의 자질들의 요구에 합치를 이루게 된다. 동반이동 원리는 *wh*-단어를 포함한 가장 작은 요소들을 이동시키기 때문에 VP가 아닌 *which assignment*가 가장 적절한 이동요소가 되는 것이다.

ACP)를 기초로 *wh*-구의 이동을 다음과 같이 설명하고 있다. "It follows from the Attract Closest Principle that a C carrying [WH, EPP] features targets the closest wh-word within the immediate structure containing C."

7.8 국면 활용 어순 학습 전략 결과

본 장에서는 언어 학습자들의 어순에 나타나는 오류의 고정화 현상을 위한 어순학습전략을 고찰해 보았다. 본 연구는 충분한 실험 결과를 토대로 나온 것이며, 인간의 언어능력을 유기체의 한 기관으로 정의하는 바이오-언어학적 관점에서 출발하여 성인학습자들의 언어능력은 결정적 시기가 지난 경우이지만 활성화될 수 있는 가능성이 있다고 전제하였다. 또한, 입력된 언어정보의 처리 연산과정은 국면 단위로 이루어진다는 국면-중심 접근법을 활용하여 완화전략을 제시하고 전략적 학습을 통해 EFL 성인학습자의 영어 어순 고정화 완화의 가능성을 제시하였다.

언어 학습자들은 영어학습에 영향을 주는 요인들로서 학습 환경과 모국어의 언어특성들이 가장 큰 영향을 준다고 생각하고 있다. 이는 어순 고정화의 한 요인으로서 일반적으로 받아들여지고 있다. 또한 영어 구문 표현에서 학습자들은 동사, 시제, 부사, 의문사, 명사의 순으로 어렵다는 반응을 보여주었다. 실제 진단시험 결과에 따르면 동사, 시제, 의문사 등의 사용은 어순 전체에 영향을 주었으며 전략 활용을 통한 학습이후에 동사, 시제, 의문사 항목에서 향상을 보여주었다. 이와 더불어 고정화 현상을 나타내었던 어순구성에 대한 항목이 유의미하게 향상되었다.

본고에는 영어 어순 고정화 완화전략을 찾기 위하여 영어문장들의 국면구조를 살펴보았다. CP 국면구조를 만들 때 주어를 생략하여 TP 구조를 불완전하게 구성하였다. 탐색자와 목표어의 위치관계를 바르게 표현하지 못한 경우, 시제를 바르게 적용하지 않은 경우, 동일 국면 내에 있어야할 요소가 국면 밖으로 분리되어 있는 경우 등의 어순 고정화의 증거들을 발견할 수 있었다. v*P 국면구조에서 발견할 수 있었던 언어 학습자들의 어순 고정화 증거는 타동사가 아닌 동사의 경우를 타동사적 동사구로 사용되는 문장에서 올바른 문장을 식별하지 못하는 경향이 있으며, 한국어의 영향으로 수동문의 사용을 선호하는 경향도 있다. *wh*-구문에서는 시제의 적용문제, *wh*-구가 이동한 후 삭제가 이루어진 위치에 다시 *that*을 삽입하는 경우, *wh*-구가 명사, 형용사, 전치사 등과 구를 이루고 있는 경우 분리하여 이동하는 경우 등의 어순 고정화 현상도 관찰되었다.

학습자들이 보여준 어순 고정화 현상을 바탕으로 국면-중심 접근법을 활용한 전략적 학습을 살펴보았다. 그 결과 영어 상용국에서 교육을 받은 경험이 없는 피실험자들이 국면을 활용한 어순 고정화 완화전략을 통해 교육을 받았을 때 어순부분에 유의미한 향상도를 보여준 점을 실험과 여러 연구를 통하여 알 수 있었다. 이러한 결과를 통해 영어상용국에서 교육을 받은 경험이 없는 EFL 상황의 언어 학습자들에게 국면구조를 적용한 어순 고정화 완화전략에 따른 교육이 효과적이었음을 알 수 있었다.

위의 연구와 검증 과정을 통하여 본서에서는 다음과 같은 영어 어순 학습 전략을 제시한다. 먼저, 국면활용 완화전략에서는 TP 지정어로의 이동 활용전략을 통해 주어와 관련된 동사 활용 문제를 학습자들이 학습하게 하여 주어와 동사사용을 연습할 수 있도록 하였다. 다음으로 핵이동을 통해 T에서 C로의 이동과 V에서 T로의 이동 특성을 활용하여 동사의 이동과 시제, 조동사 도치 문형들을 연습하도록 하였다. 다음으로는 기능핵 전치원리전략과 국부적 운용을 주지시키는 국면불침투조건을 활용한 전략을 통해 국면을 구성하는 구성소들의 이동과 운용을 활용하는 전략을 활용하여 학습하였다. *Wh*-이동을 활용한 완화전략으로는 *wh*-구의 CP 지정어로의 이동을 활용한 완화전략과 동반이동을 활용한 완화전략, 마지막으로 근접유인원리를 활용한 완화전략을 통해 올바른 어순구성을 할 수 있는 연습을 할 수 있도록 했다. 이와 같이 전략을 활용한 어순재구성 문장들을 의도적으로 학습하게 함으로써 우리 나라와 같은 EFL 언어 학습자들이 고정화된 어순을 잘 배열할 수 있었다.

이러한 국면 활용 전략을 활용한 구문연습 학습 실험결과에서도 알 수 있듯이 국면-중심 접근법을 활용한 전략은 문장의 구성소들의 위치와 시제, 적절한 동사의 사용 등을 할 수 있게 함으로써 영어학습에 큰 도움이 될 수 있음을 확인할 수 있었다. 아울러 필수출력조건에 의한 국면-중심 활용 어순 학습전략이 EFL 언어 학습자들을 위한 효과적인 학습전략임을 제안하고자 한다.

참고문헌

김동국 2005. "Light Verb and Its Derivation in English,"『문학과 과학 국제 학술대회』, 새한영어영문학회.

김명숙 2005. "The English Pyramid,"『2005년도 한국영어영문학회 학술발표회』, 한국영어영문학회.

김성봉 2006. "영어 조응 현상에 관한 최소주의 접근," 부산대학교 영어 영문학과 박사학위 논문, 부산대학교.

김성봉 · 안동환 2005. "통사적 도출에서의 국면,"『언어과학』, 12. 1. 부산대학교.

김성헌 2004.『최소주의 문법의 배경』, 단국대학교.

김양순 2008. "인상구문과 ECM구문의 중간CP 부재와 EPP 자질,"

『언어연구』, 23. 4. 한국현대언어학회.
김양순 · 최숙희 2009. "생물언어학과 통사론의 진화적 타당성," 『언어연구』, 25. 1. 47-68. 한국현대언어학회.
김지숙 2001. "A minimalist approach to English anaphora," 이화여자대학교 대학원, 영어영문학과 박사학위 논문.
김진우 2002. 『第二語 習得硏究-現況과 展望』, 서울: 한국문화사.
민지영 · 이승복 1998. "암묵적 규칙 학습과 언어간 전이," 『한국심리학회지: 실험 및 인지』, 10. 153-173. 한국심리학회.
박경자 2000. "The Importance of Interlanguage in Teaching English as a Foreign Language," 『영어어문교육』, 6. 한국영어어문교육학회.
박영순 2007. 『다문화사회의 언어문화 교육론』, 서울: 한국문화사.
변길자 2006. 『주어탈락과 영어습득』, 파주: 한국학술정보.
서수현 외 2007. 『생물언어학과 Chomsky 이해』, 서울: 도서출판 동인.
송종용 · 원호택 1998. "한글 독해 장애 아동의 작업기억, 단기기억, 읽기 속도, 통사지식에 관한 연구," *Korean Journal of Clinical Psychology*, 17. 2.: 105-121. 서울: 한국심리학회지.
양동휘 1994. 『문법론』, 서울: 한국문화사.
이재오 · 김소영 공역 2007. 『언어와 사고』, 서울: 학지사.
이정모 · 이재호 1996. "기억의 본질: 구조와 과정적 특성," 『인지심리학의 제문제(I): 인지과학적 연관, 이정모 (편)』,

133-157. 서울: 성원사.
임창국 편 2007.『생략현상연구: 범언어적 관찰』, 서울: 한국문화사.
장성옥 2009. "장성옥의 언어 & 두뇌 6," 영어습득과 단계적 간격회상: 2009년 6월15일, DIP 통신.
홍우평 · 최명원 · 이성은 2005. "어순 이해의 인지 전략,"『독일언어문학』, 30. 한국독일언어문학회.

Adams, R. and L. Ross-Feldlmand 2003. "An Investigation of Determinacy in the Grammar of NS and End-state NNS," *Conference paper presented at Georgetown University Roundtable on Languages and Linguistics*, Washington, D.C.: Georgetown University.
Ashley, Fidler 2006. "Review Article: Reconceptualizing Fossilization in Second Language Acquisition: a Review," *Second Language Research* 22. 3: 398-411. Washington, D.C.: Georgetown University.
Berwick, R. C. and N. Chomsky 2008. "The Biolinguistic Program: The Current State of its Evolution and Development," Forthcoming in *Biolinguistic Investigations*, MIT Press.
Birdsong, D. 1989. *Metalinguistic Performance and Interlinguistic Competence*, New York: Springer.
Birdsong, D. 1992. "Ultimate Attainment in Second Language

Acquisition," *Language* 68: 706-55. Washington, D.C.: L.S.A.

Birdsong, D. 1999. "Introduction: Whys and Why Nots of the Critical Period Hypothesis," In *Second Language Acquisition and the Critical Period Hypothesis*, Mahwah, NJ: Erlbaum.

Birdsong, D. and M. Molis 2001. "On the Evidence for Maturational Constraints in Second-Language Acquisition," *Journal of Memory and Language* 44: 235-249. NY: Elsevier Inc.

Birdsong, D. 2004. "Interpreting Age Effects in Second Language Acquisition," *International Review of Applied Linguistics*, 109-127. *A Handbook of Bilingualism: Psycolinguistic Approaches*, New York: Oxford University Press.

Birdsong, D. 2005. "Nativelikeness and Non-nativelikeness in Second Language Aquisition Research," *International Review of Applied Linguistics* 43: 319-328. IRAL.

Birdsong, D. 2006. "Why Not Fossilization," *Studies of Fossilization in Second Language Aquisition*, Clevedon: Multingual Matters LTD.

Bley-Vroman, R. 1989. "What Is the Logical Problem of Foreign Language Learning?," *Linguistic Perspectives on Second Language Acquisition*, 41-68. Cambridge: Cambridge University Press.

Burge, H. A. 1986. Some comments on the aerobiology of fungus spores. Grana 25: 143-146.

Boeckx, C. 2002. "Agree or attract?" In *Theoretical approaches to universals*. ed. A. Alexiadou, 41-64, Amsterdam: John Benjamins.

Bošković, Zˇ. 2002. A-movement and the EPP. *Syntax* 5, 167-218.

Bowers, John. 2002. Transitivity. *Linguistic Inquiry* 33: 183-224.

Carroll, J. M., T. G. Bever and C. R. Pollack 1981. "The Non-uniqueness of Linguistic Intuitions," *Language* 57: 368-382. New York: Columbia University.

Carolyn, Turner 2001. "The Need for Impact Studies of L2 Performance Testing and Rating: Identifying Areas of Potential Consequences at All Levels of the Testing Cycle," *Studies in Language Testing* 11, NY: Cambridge University Press.

Cha, H.-K. 2006. "Korean Elementary ESOL Students' English Language Anxiety and Defense Mechanism in the ESOL and Mainstream Classes: Theoretical and Pedagogical Implications for TESOL," A dissertation in the Florida State University.

Chomsky, N. 1965. *Aspects of the Theory of Syntax*. Cambridge: MIT Press.

Chomsky, N. 1977. *Essays on form and interpretation*. Amsterdam: Elsevier North-Holland.

Chomsky, N. 1986. *Barriers*. Cambridge, Mass.: MIT Press.

Chomsky, N. 1993. *A Minimalist Program for Linguistic Theory*. In The View from Building 20: *Essays in Linguistics in Honor of Sylvain Bromberger*, eds. Kenneth Hale and Samuel Jay Keyser. Cambridge, Mass.: MIT Press.

Chomsky, N. 1995. *The Minimalist Program*. MIT Press, Cambridge, Mass.

Chomsky, N. 1998. Minimalist inquiries: the framework. Cambridge, MA: MIT Occasional Papers in Linguistics.

Chomsky, N. 1999. "Derivational by Phase," *MIT Occasional Papers in Linguistic* 15, Cambridge, Mass: MIT Press.

Chomsky, N. 2000. "Minimalist Inquiries: The Framework," in R. Martin, D. Michaels and J. Uriagereka, eds., *Step by Step: Essays on Minimalist Syntax in Honor of Howard Lasnik*, 89-155. Cambridge, Mass: MIT Press.

Chomsky, N. 2002. *On Nature and Language*, NY: Cambridge University Press.

Chomsky, N. 2004. "Beyond Explanatory Adequacy," 104-131. Cambridge, Mass: MIT Press.

Chomsky, N. 2005. "Three Factors in Language Design," *Linguistic Inquiry*, 36-1. MIT Press.

Chomsky, N. 2006a. "On Phases," Ms., MIT.

Chomsky, N. 2006b. *Language and Mind*, NY: Cambridge University Press.

Chomsky, N. 2007 "Biolinguistic Exploration: Design, Development, Evolution," *International Journal of Philosophical Studies* 15. 1: 1-21. Cambridge, Mass: MIT Press.

Ellis, N. C. 2006. "Selective Attention and Transfer Phenomena in L2 Acquisition: Contingency, Cue Competition, Salience, Interference, Overshadowing, Blocking, and Perceptual Learning," *Applied Linguistics* 27: 164-194. Oxford University Press.

Ellis, R. 1985. *Understanding Second Language Acquisition*, Oxford University Press.

Ellis, R. 1997. *Second Language Acquisition*, Oxford University Press.

Emile, Servan-Schreiber and John R. Anderson 1990. "Learning Artificial Grammars with Competitive Chunking," *Journal of Experimental Psychology: Learning, Memory, and Cognition* 16. 4: 592-608. American Psychological Association.

Flynn, S. 1984. "A Universal in L 2 Acquisition Based on a

PBD Typology." In F. R. Eckman, L. N. Bell and D. Nelson(eds.), *Universals of Second Language Acquisition* Rowley, MA: Newbury House.

Flynn, S. and W. O'Neil 1988. *Linguistic Theory in Second Language Acquisition*, Dordrecht Kluwer Academic Publishers.

Gass, M. S. and L. Selinker 1992. *Language Transfer in Language Learning*, Michigan State University and University of Michigan.

George, L. and J. Kőrnfilt. 1981. Finiteness and boundedness in Turkish. *Binding and Filtering*, ed. F. Heny, 105-127. Cambridge, MA: MIT Press.

Gregg, K. 1996. "The Logical and Developmental Problems of Second Language Acquisition," In W. Ritchie and T. Bhatia (eds.), *Handbook of Second Language Acquisition*, 50-1. New York: Academic Press.

Gupta, P. and B. MacWhinny 1997. "Vocabulary Acquisition and Verbal Short-Term Memory: Computational and Neurla Bases," *Brain and Language*, NY: Elsevier Inc.

Han, Z.-H. 2004a. "Fossilization: Five Central Issues," *International Journal of Applied Linguistics* 14. 2. NY: Blackwell.

Han, Z.-H. 2004b. *Fossilization in Adult Second Language Acquisition*, Clevedon: Multingual Matters LTD.

Han, Z.-H. & J. H. Kim 2008. "Corrective Recasts: What Teachers Might Want to Know," *Language Learning Journal* 36. 1: 35-44. New York: Routledge.

Hazout, I. 2004. "The Syntax of Existential Constructions," *Linguistic Inquiry* 35: 393-430.

Humboldt W. 1988. *On Language: The Diversity of Human Language-Structure and Its Influence on the Mental Developement of Mankind*, Trans. P. Heath. Cambridge: Cambridge Univ. Press

Hyltenstam, Kenneth & N. Abrahamsson 2003. "Maturational Constraints in SLA," *The Handbook of Second Language Acquisition*, 539-588. Malden, Oxford, UK: Blackwell.

Johnson, J., K. Shenkman, E. Newport, and D. Medin 1996. "Indeterminacy in the Grammar of Adult Language Learners," *Journal of Memory and Language* 35. 335-52. NY: Elsevier Inc.

Kellerman, E. 1995. "Age Before Beauty," In L. Eubank, L. Selinker and M. Sharwood Smith (eds.), *The Current State of Interlanguage*, 219-2. Amsterdam: John Benjamins.

Kim, H. Y. 2000. "Acquisition of English Normal Reference by Korean Speakers," A dissertation in the University of Hawaii.

Kitagawa, Y. 1986. "Subject in Japanese and English," Doctoral dissertation, University of Massachusetts, Amherst.

Kitahara, H. 1997. "Syntactic Operations and Binding Relations," ms. University of British Columbia. Paper talked in Harvard University.

Lardiere, D. 1998. "Case and Tense in the Fossilized Steady State," *Second Language Research* 14. 1: 1–26.

Lasnik, H. 1995. "Case and expletive revisited: On Greed and other human failings," *Linguistic inquiry* 30; 197–217.

Lenneberg, E. H. 1967. *Biological Foundations of Language*, New York, NY: Wiley.

Liliane Haegeman 2006. *Thinking Syntactically: A Guide to Argumentation and Analysis*, Malden, Oxford, UK: Blackwell.

Long, M. H. 1990. "Maturational Constraints on Language Development," *Studies in Second Language Acquisition* 12: 251–285.

Long, M. H. 2003. "Stabilization and Fossilization in Interlanguage Development," In C. Doughty and M. Long (eds.), *Handbook of Second Language Acquisition*, 487–36. Oxford: Blackwell.

Jenkins L. 2000. *Biolinguistics: Exploring the Biology of Language*, NY: Cambridge University Press.

Marinova-Todd, S. H. 2003. "Defying Age: Ultimate Attainment in Adult Second Language Acquisition," *2003 Conference of the American Association for Applied Linguistics*, Arlington.

Messer, D. 2000. *State of the Art: Language Acquisition. The Psychologist* 13: 138-143. London: Arnold.

Munoz, C. 2006. *Age and the Rate of Foreign Language Learning*, Clevedon: Buffalo: Toronto, Multingual Matters LTD.

Nagata, H. 1988. "The Relativity of Linguistic Intuitions: The Effect of Repetition on Grammaticality Judgement," *Journal of Psycholinguistic Research* 17: 1-17.

Nissen, M. J. & P. Bullemer 1987. "Attentional Requirements of Learning: Evidence from Performance Measures," *Cognitive Psychology* 19: 1-32. NY: Elsevier.

Radford, A. 2004a. *English Syntax: An Introduction*, London: Cambridge University Press.

Radford, A. 2004b. *Minimalist Syntax: Exploring the Structure of English*, London: Cambridge University Press.

Reber, A. S. 1989. "Implicit Learning and Tacit Knowledge," *Journal of Experimental Psychology: General* 118. 210-235.

Schachter, J. 1996. "Maturation and the Issue of Universal Grammar in Second Language Acquisition," In W. Ritchie and T. Bhatia (eds.), *Handbook of Second Language Acquisition*, 159-3. Sandiego: Academic Press.

Selinker, L. 1972. "Interlanguage," *IRAL* 10. 2: 209-31.

Selinker, L. 1993. "Fossilization as Simplication? [microform]," *Anthology Series* 13. 4. Michigan. the American Education Resources press.

Selinker, L. & Z.-H. Han 2001. "Fossilisation: Moving the Concept into Emperical Longitudinal Study," *Studies in Language Testing 11*, NY: Cambridge University Press.

Servan-Schreiber, E. & J. R. Anderson 1990. "Learning Artificial Grammars with Competitive Chunking," *Journal of Experimental Psychology: Learning, Memory, and Cognition* 16: 592-608. The American Psychological Association Press.

Singleton, D. and L. Ryan 2004. *Language Acquisition: The Age Factor*, Clevedon: Buffalo: Toronto, Multingual Matters LTD.

Sorace, A. 1993. "Incomplete vs. Divergent Representations of Unaccusativity in Non-native Grammar of Italian," *Second Language Research* 9: 22-48. Dordrecht: Kluwer Academic Publishers.

Sorace, A. 1996. "Permanent Optionality as Divergence in Non-native Grammars," Paper presented at *EUROSLA* 6, Nijmegen.

Stowell, T. 1983. "Origins of phase structure," Doctoral dissertation. MIT.

Svenonius, P. 2001. "Locality, Phases, and the Cycle," Ms. University of Troms.

Svenonius, P. 2004. "On the Edge," In Peripheries: *Syntactic Edges and their Effects*, ed. by D. Adger, C. de Cat, and G. Tsoulas, Kluwer: Dordrecht.

Tanaka Paul, B. 2000. "Fossilization: A Chronic Condition Or Is Consciousness-Raising the Cure?" A dissertation of University of Birmingham.

Terence Odlin, R. A. Alonso & C. Alonso-Vazquez 2006. "Fossilization in L2 and L3," *Studies of Fossilization in Second Language Aquisition*, Clevedon: Multingual Matters LTD.

Thep-Ackrapong, T. 1990. "Fossilization: a Case Study of Practical and Theoretical Parameters," Unpublished doctoral dissertation, Illinois State University.

Tipa, T.-A. 1990. *Fossilization: A Case Study of Practical and Theoretical Parameters*: Ill.: Illinois State University.

Tulldahl, K. D. 2004. "A Study and Analysis of Errors in the

Written Production of Swedish Adolescent Learners of English," *Teacher Training Programme*, Sweden: Linkoping University.

Tyson, R. E. 1994. "Pidginization, Creolization, Interlanguage, and Language Fossilization," Seoul: Ewha Women's University.

White, L. 1985. "The Pro-Drop Parameter in Adult Second Language Acquisition." *Language Learning* 35: 47-62. Michigan: University of Michigan.

White, L. and F. Genesee 1996. "How Native is Near-native? The Issue of Ultimate Attainment in Adult Second Language Acquisition," *Second Language Research* 12: 233-5. NY: Elsevier Inc.

White, L. 2003. "Fossilization in Steady State L2 Grammars: Persistent Problems with Inflectional Morphology," *Bilingualism: Language and Cognition* 6. 2:129-141. NY: Cambridge University Press.

Williams, E. 1994. *Thematic structure in syntax. Cambridge,* Mass: MIT Press.

찾아보기

영 어

A

B

한 글

ㅂ

ㅅ

ㅇ

ㅈ

ㅊ

ㅋ

ㅌ

ㅍ

ㅎ

영어용어대조표

A

agent	행위자

B

backsliding	복귀
Biolinguistic	바이오 언어학적

C

C(complementiser)	보문소
c-command	성분통어
C-I system	개념-의도 체계
complement	보어
Critical Period	결정적 시기가설
CP(complementiser phrase)	보문소구

D

deficit model	결핍모델
derivation	도출
domain	영역
do-support	do-지원
DP(determiner phrase)	한정사구

E

echo-question	반향의문문
elaboration	정교화
endstate	한계상태
EPP(Extended Projection Principle)	확대투사원리

external argument	외부논항

F

fossilized variation	화석화된 변이형
fossilization	화석화

G

Galilean Intuition	갈릴레오 직관
genotype	유전자형
global fossilization	총체적 화석화
goal	목표어

H

head	핵
head-first	핵전치
Head Movement	핵이동
human language	인간 언어

I

Inclusiveness Principle	포함원리
Innateness Hypothesis	생득성 가설

Interlanguage	중간어
internal argument	내부논항

L

LAD	언어습득장치
landing site	착지
LCA(Linear Correspondence Axiom)	어순원리
linguistic experience	언어경험
locality condition	국부성 조건
long term memory	장기기억

M

matching goal	부합목표어
Merge	병합
multiple *wh*-question	다중 wh-의문문

N

nativelikeness	유사원어성
non-nativelikeness	비유사원어성
NTC(No-tampering condition)	불가침조건

O

organ	기관

P

particular grammar	개별문법
permanent fossilization	영구적 화석화
permanent optionality	영구적 임의성
Phase	국면
phenotype	표현형
PIC(Phase Impenetrability Condition)	국면불침투조건
pied-piping principle	동반이동원리
plateau	정체
predicate	서술어
probe	탐색자
proposition	명제

R

recursive merge	회귀적 병합
resetting	재고정

S

sensory memory	감각기억
sensory store	감각저장
short term memory	단기기억
single-word stage	단일어 단계
SM system(Sensory Motor System)	감각-동작 체계
Spec-CP	CP 지정어
successive-cyclic	연속-순환

T

T(tense)	시제
temporary fossilization	일시적 화석화
thematic role	의미역
thematic structure	의미역 구조
theme	주제
TP(Tense Phrase)	시제구
traditional grammar	전통문법
transitive light verb	타동적 경동사
transitive light verb phrase	타동적 경동사구

U

ultimate attainment 극대습득

V

V(verb) 동사

v*P 경동사구

VPISH(VP-Internal Subject Hypothesis) 동사구 내부주어 가설

transitive light verb phrase 타동적 경동사구

W

wh-movement *wh*-이동

word order 어순

working memory 작업기억